本书由建新赵氏集团有限责任公司资助出版

立德树人 德育为先

让每一颗星星都闪亮
基于核心素养的学科教学实践与研究

Rang Mei Yi Ke XingXing Dou ShanLiang

顾亚莉◎主编

这里，没有绚丽的色彩，却有老师们紧紧跟随教育教学步伐的孜孜追求；没有精美的插图，却有老师们立志教育科研的坚定决心；没有别致的装帧，却有新理念指导下的高效课堂。淡淡的油墨清香，散发出来的是老师们对教育事业的无限热爱和对学生的无私奉献。

光明日报出版社

图书在版编目（CIP）数据

让每一颗星星都闪亮．基于核心素养的学科教学实践与研究／顾亚莉主编．--北京：光明日报出版社，2019.2
ISBN 978-7-5194-4915-5

Ⅰ.①让… Ⅱ.①顾… Ⅲ.①小学教育—研究②小学—教学研究 Ⅳ.①G62

中国版本图书馆 CIP 数据核字（2019）第 025047 号

让每一颗星星都闪亮——基于核心素养的学科教学实践与研究
RANG MEIYIKE XINGXING DOU SHANLIANG——JIYU HEXIN SUYANG DE XUEKE JIAOXUE SHIJIAN YU YANJIU

主　　编：顾亚莉	
责任编辑：宋　悦	责任校对：赵鸣鸣
封面设计：中联学林	责任印制：曹　净

出版发行：光明日报出版社
地　　址：北京市西城区永安路 106 号，100050
电　　话：010-63131930（邮购）
传　　真：010-67078227，67078255
网　　址：http://book.gmw.cn
E - mail：songyue@gmw.cn
法律顾问：北京德恒律师事务所龚柳方律师

印　　刷：三河市华东印刷有限公司
装　　订：三河市华东印刷有限公司
本书如有破损、缺页、装订错误，请与本社联系调换，电话：010-67019571

开　　本：170mm×240mm
字　　数：246 千字　　　　印　　张：15.5
版　　次：2019 年 3 月第 1 版　　印　　次：2019 年 3 月第 1 次印刷
书　　号：ISBN 978-7-5194-4915-5
定　　价：58.00 元

版权所有　　翻印必究

编委会

主　编　顾亚莉
副主编　冯锦霞
编　委　徐孝坤　洪　成　潘雨杉　徐静芬
　　　　　汪文洋　陈文文　严　艳　王丹丹
　　　　　杨丽娜　戴　榕

序

不辍耕耘　无尽收获

"您不是演员，却吸引着我们饥渴的目光；您不是歌唱家，却让知识的清泉叮咚作响，唱出迷人的歌曲；您不是雕塑家，却塑造着一批批少年的灵魂……"

出自学生之笔的一段美妙文字告诉自己——教师，一个光彩夺目的名称，一个享尽赞美的职业，一个培育桃李的神圣代名词……

身为教师，我们感到享受。晨间沾染露水的青草气息，馥郁扑面的芬芳花香，热情满满的琅琅书声，活泼灵动的稚嫩脸庞，机灵顽皮的幼小身影，三尺讲台的魅力演绎，赠人玫瑰，手留余香，学科竞赛频频获奖，教学论文屡屡发表，育人成绩连连攀升……这些，都给予我们无限的享受。

身为教师，我们感到实在。这种实在来自每一节课精心准备时的思绪缕缕，来自为学生答疑解难时他们的懵懂初化，来自教学生做人道理的真诚，来自教师节孩子们给你的感动惊喜，来自送走毕业班时的不舍与期望……

这不仅仅是我们的感慨，更是星海小学所有老师对事业的热诚与挚爱。这本《基于核心素养的学科教学实践与研究》涵盖了星海小学老师们的以上种种，这里，没有绚丽的色彩，却有老师们紧紧跟随教育教学步伐的孜孜追求；没有精美的插图，却有老师们立志教育科研的坚定决心；没有别致的装帧，却有新理念指导下的高效课堂。淡淡的油墨清香，散发出来的是老师们对教育事业的无限热爱和对学生的无私奉献。

我校自2013年建校起就确立了"让每一颗星星都闪亮"的育人目标，树立了"日星日新"的教育理想。学校遵循Stars育人理念（培养具有Strong body健康体魄，patriotism家国情怀，active积极情绪，international国际视野，science practice创新实践的新星一代），经过几年的实践论证，"Stars教育"从理念到操作都获得教育系统内外的一致好评。培养Stars，势必从Stars教育核心——课堂做起，改革课堂、发展课堂、创新课堂成为教育人不懈的追求和思考。

也许，我们的教师理念还不够成熟，文笔还不够流畅，但每一份文稿都凝聚着他们近年来教育科研的心血，折射着他们在新课改浪潮中理念的撞击，心灵的思索。教育是永远的艺术，是永远的智慧。我们坚信：随着课程改革的不断深入，教师研究的课题会更广，探索的程度会更深，撰写的论文会更优，因为我们相信——不辍耕耘，无尽收获！

是为序。

目 录
CONTENTS

第一章　理论探索 ………………………………………………… 1

听，书的声音 ………………………………………… 麻维维　3

小练笔的"高""精"之道

　　——浅谈课堂练笔的设计策略 ………………… 张强强　10

以日记为切入点，提高学生作文质量 ……………… 胡敏霞　15

选准落实教学内容

　　——我这样教《"红领巾"真好》 ……………… 陈彦秀　20

基于"思维可逆化"的小学生数学核心素养发展策略 ……… 周连莉　27

智慧实验班 Pad 教学在小学数学课前预习中的应用 ……… 季祥祥　33

借儿童绘本，叩数学之门

　　——结合《巨人的拼布被》浅谈数学绘本教学策略 …… 王钰莹　42

范·导·练·赏·评

　　——浅谈培养小学生规范书写英文的五步法 …… 祝菊红　46

切开阅读"大蛋糕"，变阅读为"悦"读

　　——小学高段阅读课 PEP 7 Unit2 Part B Read and Write 课例实践 ……………………………………………… 华露露　54

巧用即时评价　点亮英语课堂

　　——即时评价在小学英语课堂中的有效运用 …… 汪文洋　64

"手"握测量起点，通向探究彼岸

　　——例谈《用手来测量》中科学探究的有效开展 …… 林晓峰　71

新课标下的国粹中医启蒙教育
　　——浅谈中医药知识在小学科学教学中的渗透 ············ 葛纯总　79
浅析体育课中意志的培养 ···································· 徐孝坤　84
绘出新意——小学电脑绘画社团的探究与转型 ················ 谢淑虹　88
提高小学音乐课堂教学效益之我见 ···························· 蒋镶褒　92

第二章　教育叙事 ·· 97

精彩背后的故事
　　——从教学案例谈预设与生成 ···························· 邬丹丹　99
爱心遍洒
　　——一年级班主任教育故事 ······························ 冯静亚　105
为了你心中的 No.1 ·· 冯锦霞　109
纠错也要重操作 ·· 胡琼斐　115
一次突发事件引发的思考 ······································ 吴　俏　117
做儿童阅读的点灯人 ·· 秦彬彬　120
和谐关系，孕育教育"亲和力" ································ 王月辉　123

第三章　研训案例 ·· 125

研训主题，精心设计课堂练习，落实"语用" ··················· 杨书姣　127
"土壤中有什么"教学实践与思考 ······························ 徐晓静　133
浅谈统编教材二下写话教学 ···································· 俞云巧　140
核心素养视野下的 Story time 教学初探 ························ 王丹丹　146
给思维插上想象的翅膀
　　——"公顷和平方千米"研训案例 ······················· 潘雨杉　154
"化教为学"，重在"转化"
　　——以《我要的是葫芦》一课为例 ······················· 戴　榕　165
以学定教，让教学贴着学生的思维前行 ·························· 陈文文　174
寓教于乐在课堂 ·· 陈海珠　184

第四章 教学设计 ……………………………………………… 191

"红领巾"真好 …………………………………………… 陈彦秀 193

浣溪沙 ……………………………………………………… 张强强 199

《轻松"驾驭"键盘》教学设计 ………………………… 谢淑虹 207

用数对确定位置 …………………………………………… 严　艳 210

西沙群岛 …………………………………………………… 秦彬彬 217

PEP 2　UNIT 3 Meet Animal Friends C story time ……… Wang Dandan 224

《思维导图之动物写话》教学设计 ……………………… 华怡慧 227

畅想机器人 ………………………………………………… 陈鑫鑫 231

第一章 01
理论探索

老师们将平时教学中的一些经验或研究进行了总结，并运用理论知识进行分析和讨论。这些文章为深化新课程改革、提高教学质量、开展素质教育活动起着推动作用。张老师的《小练笔的"高""精"之道》，为高段语文的课堂练笔提供有效招数，胡老师的《以日记为切入点，提高学生作文质量》为低段孩子日记写作带来法宝，季老师的《智慧实验班 Pad 教学在小学数学课前预习中的应用》则真实反映了我校 Pad 实验班的数学教学常态。

听，书的声音

麻维维

信息爆炸，是对近几年来信息量快速发展的一种描述，形容其发展的速度如爆炸一般席卷整个地球。借助互联网技术的发展，每天在我们所生活的这个世界出现了大量的信息，信息的增长速度绝对是一件近乎恐怖的事情，但过度的信息对于一个过着充实生活的人来说，是一种不必要的负担。在网上，有人开出对无用的信息说"不"的良方，如"做一回拒电族"，每天给自己一些冥想、听音乐的独处时间，但是收效甚微……

一名印度工程师曾写过《令人忧虑，不阅读的中国人》，我看后深有感触。在这浮躁的时代，有手机控、娱乐控、游戏控、微信控，可很少有阅读控，时下朋友聚会谈论的也是："中国好声音""奔跑吧兄弟""挑战者联盟"等，拿起手机不是刷微就是网游，他们空歇下来已经无所适从，已经享受不了独处的安宁。

一、阅读"噪音"扰人

4月2日，是"国际儿童图书日"。4月23日，是"世界读书日"。你知道这样的日子吗？你对这样的日子关注过吗？你对这样的日子注重过吗？很多人的回答是否定的，而孩子们的阅读现状更是令人担忧！

（一）阅读量低

根据今年4月18日公布的第十四次全国国民阅读调查结果显示，2016年我国成年国民各媒介综合阅读率为79.9%，较2015年的79.6%略有提升，数字化阅读方式的接触率为68.2%，较2015年的64.0%上升了4.2个百分点，图书阅读率为58.8%，较2015年的58.4%上升了0.4个百分点。

2016年我国成年国民人均图书阅读量为7.86本，较2015年增加了0.02本。2016年手机阅读率达到66.1%，已经连续8年增长。

但数据背后依然有隐忧：一方面，该调查是将教材与教辅都计算在内，另一方面，7.86本的人均图书阅读量与日本人均40本、法国人均20本、俄罗斯人均55本相比仍有较大差距。

其实，对于孩子来说，阅读的重要性无须再做强调。然而，儿童阅读正面临着时代的挑战。尼尔森公司所做的一项调查显示，11岁至13岁儿童的业余爱好中，阅读排在第六位，居电视、游戏、网络视频、体育和手机之后。儿童的注意力被越来越多的电子产品所分散，已是不争的事实。

（二）阅读取向偏离

儿童阅读不仅面临外部竞争，自身的"生态"也显得纷繁复杂。一方面，国内儿童图书的种类和数量异常丰富，远超以往任何一个时代；另一方面，粗制滥造、"少儿不宜"的童书同样不少，良莠不齐的现象比较突出。

诚然，数字化时代，信息爆炸时代，"书"的含义已然多元。但不管是传统纸质书，还是电子书，好书仍是儿童阅读的根本。在任何时代，都不应满足于浅层的信息获取，而应在深刻的阅读中打牢人生地基，让阅读之美涂抹生命底色。"多读书、读好书"永不过时。用优秀读物浸润青少年的心灵至关重要，用好的读物为青少年成长注入正能量，任重道远。

现在的孩子们主动积极看的并不是那些大部头的著作，而是诸如《斗罗大仙》《查理九世》和《盗墓笔记》之类的通俗作品。同时，"相比原著，青年人更喜欢看经典作品的影视版，以别人的视角代替自己的阅读。"而这导致的后果往往是"有知识，却缺乏独立和深刻的思想"。

究其原因，功利的教育观念影响了孩子们的阅读取向，纯粹以兴趣为出发点的阅读，在以应试为目的的功利式阅读面前，显得力不从心。此外，互联网的发展，手机终端的兴起，以微博、微信为载体的内容比传统阅读介质对青少年更具吸引力，碎片化的"轻阅读""浅阅读"趋势明显。有调查显示，目前有70%以上的青少年都采用过这些阅读方式。五光十色的网络世界和新媒体的"魅力"分散了青少年阅读的注意力，也导致他们"童年文化圈"的普遍缺失。

快餐式的阅读在给我们带来便捷的同时，也造成了阅读粗放的问题。读者在选择时有很大任意性，专注的程度有所降低，常常蜻蜓点水、浅尝辄止。西方虽然也有很发达的网络设备、电子设备，但是他们还是会进行纸质阅读，在地铁上经常能看到成年人或青少年在读书，这已经成为他们的一种生活习惯，反观我们，这样的习惯还没有养成。

二、阅读"和音"徐来

教育需要一种意境和氛围，它的最高境界是不留痕迹。"腹有诗书气自华"，作为一名语文教师兼班主任，我的理想就是创设出积极向上、清新高雅、健康文明的书香氛围，让学生在潜移默化中与书为伴，与书为友，开阔视野，陶冶情操，让学生拥有一个书香浸润的童年。我一直积极走出班级特色，打造书香班级，涂抹生命底色，建设精神家园，让阅读释放正能量！

（一）优化环境，让书香弥漫生活时空

教室是学生每天所在时间最长的一个场所，教室里任何一处的布置都将对学生产生潜移默化的影响。为此，本学期，我在教室环境的布置上尽可能地使教室散发一种浓郁的书香气息。

优化大阅读环境，让生活弥漫书香气息是我们的追求，我们要以建设校园文化为重点，并将文化建设的视角投向班级与家庭的配合，努力为学生创造一个优化的阅读环境。

1. 优化班级阅读氛围

（1）优化班级图书角管理设以下几栏：

温馨话语栏：轮流张贴读书名言，做到每月更新一次。

大师风采栏：简介国内外著名作家的生平，佳作赏析，每周一期。通过这种渠道，能更全面地认识课堂教学中接触过的作者，了解更多的作品，汲取更多的文学营养。

读书生活栏：展示读书收获，读书感言以及精彩片段摘录。读了书，或多或少总有一些想法要找人倾诉，通过这个平台，给学生提供交流思想的机会。

成果展示栏：展示优秀习作、获奖作品、获得的荣誉，以此激励学生，增添勤奋读书的动力。

（2）建设富有浓郁书香气息的班级文化。我们教室的墙壁被充分利用，贴上了名言"书山有路勤为径，学海无涯苦作舟""今天你读书了吗？""我们是花园里的小树，贪婪地吮吸着好书带来的温暖阳光，茁壮成长。""好书读来让人余香满口，回味长久。"等条幅，让教室里充满了浓浓的书香气息。

（3）每天给学生集体阅读和个人阅读的时间，引导学生养成良好的阅读习惯。

①利用早晨诵读。因为每天早晨很多学生早早就到了学校，离第一节课还有20多分钟的时间。为此将这段时间有效地利用起来，让学生诵读古诗，背诵课文，用文学经典来充实学生的语言仓库。

②保证中午阅读。每天中午午睡后是我班固定的读书时间。目的是给孩子们一个自由阅读的时间和空间，让他们沐浴着午后的温暖阳光，捧一本好书，尽情地阅读。当然，我也不例外，记得开学第一个月，我每天中午都坐在讲台上阅读《假如给我三天光明》，这无疑也给孩子起到了榜样的作用。现在即使是老师不在，他们也能自觉读书。

③鼓励晚间阅读。每天晚上完成家庭作业以后，鼓励学生自觉主动地阅读课外书籍，时间不少于30分钟，并学会与家长一起分享自己的读书心得。有了时间的保证，学生的阅读效果自然不言而喻了。如今，在班级中，学生大多有了自觉阅读的习惯，有些学生甚至连课间的十分钟也不想错过，匆匆地捧起书本读起来。有时候别的同学订阅的杂志我没有及时发下去，下课后讲桌上总是围着好多孩子在翻阅。

④随时信手读。我们还建立了班级阅读小组，每周中午午休是集体阅读时间，每天又根据具体情况安排了个人阅读时间。集体阅读时我为学生准备了统一的阅读材料，有目的地训练学生的阅读能力，教会他们阅读方法。个人阅读时让学生自己自主阅读，小组内乃至班级内相互推荐好的书籍，摘抄读书笔记，评选读书专心的小书虫等，激发学生的阅读兴趣，养成良好的阅读习惯。

2. 用心引导家庭文化

（1）利用一切机会将书香气息带给家庭。我通过校讯通发告家长书、编印相关材料、开家长会等形式，利用一切与家长接触的机会，将学校营造书香校园的信息带给家庭，让家长感受学校的书香文化。

（2）倡议开展以书香家庭为特色的推进学习型家庭建设的活动，倡导让父母与学生一起成长。每周为家长推荐适合学生读的好书，同时也为家长推荐阅读书籍。

3. 提升教师自身阅读素养

提高自身素养，自己坚持每天读书，读好三类书：读提高精神底蕴的书，读拓宽教育视野的书，读学生喜欢的书。开展师生共读活动，为学生朗读世界经典名著，并在声情并茂地朗读的基础上给予适当的评析，还组织学生讨论书中的人物与故事，给阅读增添了浓厚的精神对话的色彩。

（二）立体推进，让阅读伴随学生成长

在阅读教育中，我注重整合各种教育功能，从各个方面立体推进，发挥各种教育活动的作用，真正地让阅读伴随孩子成长。

1. 发挥教师的导向功能

教师对学生的影响是全方位的，教师要利用这种影响力促进阅读精神的内化。在阅读教育发展中，聊书成为教师与学生的教育常态，荐书进入教师的教学常规。根据有关资料编写了适合我们年级的荐书书目，利用好书目，向学生推荐好书，使学生的自由阅读更健康。

2. 发挥考评的调节功能

教育总是在自由与控制之中进行的，我们对学生的阅读正是在学校的价值引导（必读书制）与学生的自由阅读（推荐书）中展开的。我准备尝试对学生的阅读进行考评。一是建立悦读记录卡，根据本年级读书程度的要求，以悦读记录卡记载质量为基本依据，并通过相应的问答测试，评选"阅读之星"。二是建立星级背诵卡，依据一定的背诵篇目进行抽测，分五星打分。三是开展阅读写作活动，结合本学期的教师节写对老师说说心里话；结合国庆节开展爱祖国征文比赛；开展"读书伴我成长""×××好书影响着我"等读写结合活动。

3. 发挥学生的互动功能

让学生来影响学生，通过丰富的读书活动的组织，使谈书论文成为学校风尚，使"今天，您读书了吗？"成为孩子们最亲切的问候，书香校园的最显著标志就是学生富有书卷气、富有文化底蕴和人文精神。

4. 发挥活动的推进功能

开展相关的读书活动推进大阅读教育,可以开展每月一次的读书活动,让班级学生人人都能参与。

(1) 我读你听

其实有很多孩子起初并不喜欢读书,为了让他们愿意去读,自己想读,我首先在班级里开展了"我读你听"活动。也就是我本来是想给他们推荐书,可我并没有直接告诉他们这本书如何好,要他们去读这本书,而是拿着书到教室,在快下课的时候,告诉他们我读了一本书,很好看,很想读给他们听听,然后我就成了"朗读者",声情并茂地读上书中最精彩的那一部分,而且掌握着在下课铃响的时候还读不完,这样吊起学生的胃口,让他们想知道这本书是什么名字,然后自己去买来读,很好地激发了学生的读书兴趣。而几天后孩子们就成了"朗读者"……

(2)"书海拾贝"大评比

每读一本书,我都引导学生把书本上精彩的字、词、句、段、篇,或读后感,记在书海拾贝上,以丰富写作素材。然后定期进行评比展览,我让学生先在小组内展评,从数量到质量评出优胜者,然后在班级里进行展览、评选,最后评出获得数量奖的前十名同学,然后从中再评出五名质量好的,奖励喜报,给家长发表扬信息。这一举措极大地激起了学生的阅读兴趣,他们都想得到喜报,都想收到老师的表扬信息。

(3)"悦读手抄"大赛

每当学生阅读完一本书,我都要让他们进行相应的体会和反思,将阅读时一点一滴的感受记录下来。可以就文章的写作方法、好词佳句的运用、中心的确定等方面任选其一,提出自己的见解。然后制作成图文并茂的手抄卡,进行评比。同样我会给优秀者进行展览拍照奖励。

(4) 阅读之星评比

每周评出周冠军,每月评出月冠军,并授予阅读之星徽章。

5. 开展研究性阅读

我在学生中尝试开展林海音《城南旧事》小说研究,杨红缨、金波作品研究等研究性阅读,将阅读与研究性学习相结合,深化大阅读教育,更好地发挥课程深化功能。

通过努力实践和探索，我班的阅读教育开始步入正轨，学生能充分利用课余时间自主阅读，相互推荐好书籍，读书逐渐成了一种习惯，一种需要。"营造书香班级，涂抹生命底色，建设精神家园"，让新语文教育之路书香四溢、花开满地，让孩子们真正聆听到书的声音！

小练笔的"高""精"之道

——浅谈课堂练笔的设计策略

张强强

目前的语文课堂,尤其是各类公开课中,练笔成为教师落实运用的实验场,甚至被一些老师当成是亮点。若是没有小练笔,便会被批"没有运用语言",那么有了练笔就教会学生运用语言了吗?事实并非如此。

一、练笔设计存在的几点不足

(一)设计重复,缺乏实效

部分教师在课堂上对某一重点段落已然分析到位了,学生发言积极,有效落实了。此时,老师仍要求学生再将发言内容写下来,这种"把说过的话写下来"难免有为写而写的嫌疑。

(二)脱离教学目标,影响课堂教学

一些老师为了课堂上设计一个小练笔,不惜牺牲课堂的整体感,学生原本学习氛围甚好,一个突兀的练笔,浇灭了学生的学习热情。

(三)设计粗糙,提升效果有限

教师设计的问题缺乏自由度,限制过严,虽易完成,但缺乏训练意义。比如学习《地震中的父与子》时,一些教师会让学生评价这对父子,而学生的答案无非是围绕"了不起"表述,实际上对语言表达能力的提升帮助不大。

(四)练笔空洞,学生无话可写

有些练笔的设计缺少必要指导和铺垫,让学生难于动笔,造成"冷场"。

二、让练笔高效精炼的几点策略

因为课堂时间有限，所以我们设计练笔要力争做到"高效""精炼"，高效指能在短时间内完成，学生语言能力得到训练和提升；精炼指能够选择恰当的训练点，在提出问题、明确要求、习作指导及反馈环节做到简洁明了。在实际教学中，笔者总结了以下几种练笔策略：

（一）仿文本之"妙"

1. 关注文体之妙。有些文章具有鲜明的文体特点，对于学生来说，是一次难得的学习机会。比如演讲稿、说明文等。教学此类文章的时候，把握特殊的语言特点，会让练笔更有针对性，比如人教版六年级上册课文《这片土地是神圣的》，课文第二自然段：

每一处沙滩，每一片耕地，每一座山脉，每一条河流，每一根闪闪发光的松针，每一只嗡嗡鸣叫的昆虫，还有那浓密丛林中的薄雾，蓝天上的白云，在我们这个民族的记忆和体验中，都是圣洁的。

一般教师在教学设计时，会按照想象画面——体会情感——关注语言——仿写的思路进行，笔者最初安排的小练笔是关注段落的排比句，仿写排比句。而这样设计练笔存在两个问题，一方面学生学习过程中已经有想象画面的环节，再仿写明显重复；另一方面，排比是小学中段学习的修辞方法，六年级再来仿写，已经没有锻炼的意义。

针对以上两点，笔者对练笔环节进行了改进，教学目标设计为"理解演讲稿长短句变化有增强语气的语言特点"，练笔教学环节做如下改动：

（1）同学们发现这段话有什么特点？（有长句，有短句）

（2）你能把这段话中的短句写成生动形象的长句子吗？（生写、师点评）

（3）为什么作者不把这些短句写成长句子呢？是他不能写吗？（生讨论）

（4）把仿写的长句段落与原文对比，让学生感受语气的变化。

这样的设计，一方面提升了学生运用描述性语言的能力，另一方面也让学生更深刻地了解了演讲稿的语言特点，为单元习作做了铺垫。对于新接触演讲稿的学生而言，练笔所得无疑是非常宝贵的。

2. 善抓语句之妙。一些文本中的语句看似简单，实际上，仔细推敲，就会有意想不到的收获。比如苏教版六年级《姥姥的剪纸》一文中有这样一个称赞姥姥剪纸技艺精湛的句子：

"你姥姥神了，剪猫像猫，剪虎像虎，剪只母鸡能下蛋，剪只公鸡能打鸣。"

刘广祥老师在全国青年教师展示课上是这样设计：

（1）让学生学着乡亲们的样子来夸一夸姥姥。课件出示：

"你姥姥神了，剪＿＿＿像＿＿＿，剪＿＿＿像＿＿＿，剪＿＿＿，剪＿＿＿。"

（2）生发言并仿写。

（3）老师让学生再次观察这句话。学生发现姥姥剪得都是很相似的动物，这样更能体现出姥姥剪纸技艺高超。

（4）二次仿写。

看完刘老师的练笔设计，我们不禁感叹其咬文嚼字的功力。学生的表达是从模仿开始的，但不能停留在模仿，知道句子精妙，还要知道句子为什么能写得这么精妙，也就是常说的知其然，知其所以然。

3. 捕捉表达之妙。文本中，除了词语值得关注外，也别忘了语句的表达技巧，如果把优美的词句比作是粮食，那么段落的表达技巧就是加工粮食的秘方。

以六年级下册《桃花心木》第12、13两段为例。文章12段介绍了种树人为什么这样种树，13段则从反面论证了这样做的合理性。

教学中引导学生发现这一特点，关注13自然段出现的表示假设关系的关联词语（如果，就，一旦，会，也），理解种树人语言表达的精妙所在。然后让学生复述课文，再次领会这种表达，最后安排仿写，让学生将这种正反两面论证的表达技巧进行具体实践。

《纪昌学射》中，师父让纪昌先练眼力，纪昌问为什么学箭要先练眼力啊？

师父说："＿＿＿＿＿＿＿＿＿＿＿＿＿＿＿＿＿＿。"

师父语重心长地说："＿＿＿＿＿＿＿＿＿＿＿＿＿＿＿＿＿。"

学生所要学的不仅仅是语言，还有表达的技巧。讲话的逻辑性提高了，表达和写作能力也就得到了提升。

（二）填文本之"白"

《红楼梦》中林黛玉临死之际那句"宝玉，宝玉，你好……"让后人产生无限遐想，在小学语文教材中，也有一些精妙的文章，给人留下了填"白"的空间。

教学时，可充分利用这样的空白之处，引导学生动动笔，结合语境进行适当的想象、填补和拓伸。

如《桥》中有这样一段话：突然，那木桥"轰"地塌了，小伙子被吞没了。老汉似乎要喊什么，但一个浪头也吞没了他。白茫茫的世界。

老汉要喊什么？文章并未道明，在学生充分感知老汉大公无私舍己为人的形象后，适时加入练笔，让学生想象老汉会喊什么，接着，结合文末揭示的两人竟是父子关系，进行二次练笔，让学生更深入地感受人物形象。

（三）抒文本之"情"

情以文载，文因情美，真正打动人们内心的文本，往往蕴涵着丰富的情感。教学中让学生与文本产生情感共鸣，有利于激发学生的表达兴趣。学生言由心生，课堂美了，语言也得到了训练。

笔者在讲《慈母情深》一文时，先模仿王崧舟老师的讲法，紧抓一个"酸"字，鼻子一酸是什么滋味？"我"为什么会鼻子一酸？带领学生学习那个工作艰辛、疲惫不堪却对孩子无怨无悔付出的伟大母亲。随着学习的深入，让学生模仿作者抓住母亲的语言、动作、外貌、神态描写的方法，回忆生活中被自己的母亲感动过的画面，学生刚刚被文章打动，这样的练笔让他们思潮起伏，泪光点点，继而使他们抒发的情感真实，文笔动人。

（四）破文本之"限"

练笔一定要"五分钟"吗？练笔过长会影响阅读教学吗？潜移默化中我们受到了练笔的一些限制。叶圣陶先生说"教材无非是个例子"，有些文本不需要过多的说教，学生在习作的尝试中如果可以落实教学目标、语言得到提升，那么做一些突破也许会让课堂更精彩。

如人教版五上《学会看病》一文，介绍了一位母亲想锻炼孩子又担心孩子的矛盾心理。在教学时完全可以放手，让学生以文中孩子为第一人称改写课文，这样，学生既有兴趣，又可以从内心理解母亲那份真挚的母爱。

再如六上《山雨》一文，文章语言精妙，是适合练笔的美文，如果单纯仿写，学生难有兴致，教学中让学生从"鸟"的视角去描述这场山雨，学生想象鸟的世界，教师有意识地要求学生从听觉、视觉、嗅觉、触觉的角度去描写，然后让学生尝试把这些句子连成一篇文章，（学生会主动运用过渡衔接的句子），最后加上一些过渡语，学生在不知不觉中完成了一篇写景的美文，这样巧妙的教学设计，是不是值得去尝试呢？

练笔不是填充课堂的形式，它是写作的常态化练习。读写结合是语文课堂的要求，每一位语文老师都应该树立语言训练的意识。课前深挖教材，研析写法，精心设计，课上才能让小练笔高效、精炼，学生的语言才会得到训练和提高。

以日记为切入点,提高学生作文质量

胡敏霞

由于家庭环境的区别,孩子自身学习、素质的差异,学生的作文水平参差不齐,大多数的学生写作水平不尽如人意。写作文时不知道怎么写,写什么。交上来的作文语言组织能力差,乱用成语,词不达意,有的更是文不对题。学生无话可写主要是因为不注意观察周围的事物,缺乏生活材料的积累。我认为解决这个问题的行之有效的方法是日记教学。通过有效地组织学生接触自然、观察、思考,激发学生写日记的兴趣,培养写日记的能力,养成良好的写日记的习惯,使学生在日记中把所见所闻、所思所感自由表达出来,变"要我写"为"我要写",假以时日,在习作时就会有话可写,就不会害怕了。所以,我在新课程理念下继续开展学生日记教学的研究——以日记为切入点,提高学生作文质量,让这一古老的话题在继承中发展,在扬弃中有所突破。

当我向学生宣布本学期将开展写日记活动后,学生有的兴奋,有的惊讶,有的茫然。什么是日记呀?写啥呀?怎么写呀?写的日记字数少点行不行?我的日记不想让别人看怎么办啊?学生七嘴八舌地问我。针对这些具体问题,在具体操作的过程中,我主要运用了以下五法。

一、欲擒故纵(降低要求,给学生自由,激发学生兴趣。)

陶行知老先生说要解放孩子的头脑、双手、脚、空间和时间,使他们充分得到自由。于是我要求:只要你不编造不抄袭,可以"随心所欲"。作文,通常要考虑如何围绕主题来选择材料,选择好材料之后,又要考虑如何组织材料，如何过渡等。日记则不同，它没有作文这么多、这么严的要求。较之作文来说，日记是相当自由的。因此，在训练中，我让学生明白：自己曾经做过的、曾经听到的、曾经看到的，都是可写的内容；自己的欢乐、痛苦、希望、悔恨等都是可以表现的主题。在写作上不做任何限制，鼓励学生放开胆子去写，尽情"倾吐"。学生果然"胆大包天"起来了：

  今天，我站在二楼的平台上，向东看到了一幢幢崭新的、高大的、造型新颖的村里的房子，向南看到了一片金灿灿的稻谷和黄澄澄的橘子……

  今天被老师留在学校写作业，回到家又被老爸狠狠地骂了一顿，既委屈又难受，谁让老爸老妈把我生得那么笨……

  昨天晚上，我做了一个奇怪的梦，梦见自己乘上了神舟九号……

  诸如此类，都被学生写进了自己的日记里。对此，我对学生的大胆想象进行了充分的肯定、表扬："谁说你们不会写作文？这不，你们不是把自己的欢乐、苦恼、希望都写出来了吗？而且还写得酣畅淋漓呢！"此时，学生们都露出了会心的微笑。他们这才明白：原来作文就是这么写的！就像写日记这样简单，写出自己的见闻、经历、想法。看来，作文中过多过严的条条框框，束缚了学生的思维想象力，压抑了学生的写作热情，致使学生失去了对作文的兴趣。而日记刚好采用了"松绑"的措施，给了学生写作的自由，任凭学生尽情"挥洒"，因此，激发了学生的作文兴趣。"日记可以发表在公开的日记本上，也可以写在私密日记上，随自己的心情就好。"学生紧张的情绪马上放松了，自言自语说："哦，这么简单啊，行，我也能写了！"就这样，学生们毫无压力地兴致勃勃地寻找生活题材的时候，已经是开始关注生活，开始积极思考了。

二、润物无声（随时指导学生选择日记内容，培养选择素材的能力。）

  学生每天的日记按要求只选取三分之二评改就可以。但是我无论多忙，每一篇日记我都要仔细阅读批改。开始几天，我注意看内容，发现学生除了写游戏就是帮妈妈做了什么，再不就是如何写作业，写完作业看了什么电视，看完电视就睡觉了等，有的学生好容易找到题材却写得跟造假似的。针对这些问题，我鼓励学生用眼看、用耳听、用手摸、用脑想，做生活的有心人。我抓住每一个机会，适时地引导学生观察事物，感悟生活，遇风则风，遇雨则雨，遇事则事，遇景则景。

有一次，班队课的主题是有关校园文明。课上，我们正在讨论，寻找校园里的文明现象。有的学生说帮助同学做值日，有的说教同学写作业，有的说常常看见同学拿着垃圾袋在校园内捡垃圾。这时，有个孩子说："我看见草坪上有很多的标语牌，就是告诉我们怎么做个校园文明人。"我不禁感叹这个孩子观察得仔细，同时又对自己的疏忽羞愧起来，是啊，我可从没注意过上面写了些什么。于是，我在班上做了统计，发现其余学生也没注意过标语牌。随即，我就带领全班学生去观察。看到"请抬起你的脚，别踩我！"，学生说："是啊，小草也是有生命的。""以后我不从这里走过去了。"；看到"请管好你的手，给我一身干净。"学生说："看见这张标语牌，我就不乱扔了。"回到教室，我宣布："今天的日记就写有关校园文明的主题。"第二天，交上的日记内容五花八门，有《小草的哀求》《一张产品说明书》《校园里的标语牌》《文明小卫士》……这还能说是一篇篇简单的日记吗？不是，已经是有关校园文明主题的一篇篇优秀作文了。

学生学会了用"自己"的眼睛看，用"自己"的耳朵听，用"自己"的头脑思考，用"自己"的心灵书写。学生"笔下文"即是"世间物，眼中像，心上意"。记录了一事一物、一人一景，记录的完全是真话、真事、真情和真我。

三、闪亮登场（与学生真诚的交流，给学生一个肯定的评价。）

学生逐渐学会了选择材料。学生写出来的日记或多或少的出现错别字、病句，流水账也不少，于是我忍不住要告诉学生，他们写的日记的问题所在，"这个字写得不对""那句话表达不准确应该改""你这个文不对题了"等类似的话刚说出去，就会发现，不是这个低头了，就是那个一脸茫然，还有的干脆第二天不交日记了。我一边反思自己的行为，一边读书学习，在内心不断强化那些教育教学理念，努力调动学生的积极性。兴趣是最好的老师，只要学生乐于写，总会有进步的，就像春天那又小又丑的青果总要汲取了日月精华，等到秋天才会芬芳诱人。我改变了以前的方法，对于过于简练的地方教学生学会"添枝加叶"；表达不清楚的地方，面对面地探讨，保持态度亲切，让学生敢于表达清楚。

修改做不到面面俱到，针对每个学生的特点，我按计划有侧重点地进行，希望学生既能够有所提高，又不至于感觉到自己的日记太糟糕。这一点我做得很小心，但是很快发现，无论我的态度多好，一味地帮助学生修改，学生并不是很高兴。于是我研究了学生的心理，改变了策略。鼓励学生自习时间阅读修改自己的或同桌的日记，我批改的重点是指出学生日记中的闪光点，如准确的词语、经典话语、模仿来的段落、创造性的发挥等，我都给出标记，以示认可和赞扬。如果日记内容生动感人，立意独特，思想积极健康，我就在日记下面写上支持、鼓励、赞扬的话。如果在日记中流露出对某些事物消极思想，更应该关注并引导，告诉他我对他的理解以及我对事情的看法和我对他的期望。我经常把看后的想法写在他们的日记下面，尤其当学生们有了伤心事的时候我都会写上几句鼓励、劝慰的话语，或亲自找他们问清事情的缘由，帮助他们解决问题。

无论学生写得多么糟糕，当学生拿回他们日记的时候，我总是对学生认真地说些鼓励的话，如"不错，写得挺好""你还会进步的！""你日记中'……'这句话我很欣赏"等，学生听到这样的话，绝对有成功的感觉，这从他们得意的表情就可看出。这也促使我更加愿意鼓励他们。在总结日记情况的时候，我会说"谢谢你们把自己的感受和老师分享，你们每个人的日记都能让我感到惊喜，有的日记不仅内容非常有意义，我还从日记中看到了你们诚实善良的心。"静下心来，我不断地庆幸，正是这本日记让我听到了学生们心底无助的呼唤，正是这本日记让我感受到了学生孤独的心灵，我要走近他们，走进他们的心里，让"老师"这个称呼赋予更实际的含义。

实际上并不完全是这样，但是这么说了之后，学生自然很开心地朝着这个预期目标努力。比反复强调"要语句通顺""要内容真实""要怎么怎么样"之类的话效果好得多。

慢慢地，学生不仅对写日记写作文甚至对其他方面的学习都充满了信心。

四、日记分享（在活动中激发兴趣，保持学生写作热情。）

为了让学生乐于写生活日记，坚持不懈地为提高作文水平积累素材，积累方法，定期开展活动是很有效的。于是我在班上开展每周日记交流活动，活动时，每名学生都在本周的日记中选择一则日记与大家分享。要求读的同学要有感情朗读，听的同学要认真，听后发表感想或评论，然后大家共同评选出本周"优秀日记"，最后教师做点评，让学生知道好的日记内容真实，题目和材料及构思比较新颖，语言精当。然后又把"优秀日记"贴在班级学习园地里，同时"优秀日记"的作者在这次的单元测试中可以加上相应的分数。这样促使学生写日记更加用心，修改日记更加积极，朗读日记更加有声有色。学生在潜意识感受到生活日记是自己情感表达的需要，而且每个学生在日记分享中或得到了同班的认可，或给同伴提出了可行的建议，或者被评上了优秀，都会有不同的进步和或多或少的成就感。这种积极的感受也会激发学生期待自己达到更高目标的热情。

五、引导积累（注重引导学生在语文学习和实际生活中积累语言。）

现实生活是文学写作的唯一源泉。"我们要尽可能地开展学生喜闻乐见的活动，让他们在活动中学习，活动中搜集处理信息，活动中积累日记素材。"丰富的语言积累是写好生活日记的保障。所以，学生已经爱上写日记的同时，还要把语言的积累作为重点。我有计划地开展各种语文活动，在不同范围、不同场合随时举行，不必拘泥形式的大小，让孩子在生活中积累语言。一方面继续鼓励学生广泛阅读，坚持写读书笔记，另一方面开展"三人行，必有我师"的语言学习活动。引导学生在电视广播以及生活中学习生动活泼的语言，促进自由表达能力的提高。学生的日记里经常出现名言警句和小品里的经典台词。

选准落实教学内容

——我这样教《"红领巾"真好》

陈彦秀

语文课堂需要选准、落实教学内容，确立文本的教学内容，贵在教师对教材的运用、把握，渗透教师对学生语文能力的训练。苏霍姆林斯基在《论教育素养》中说过："教师越是能够运用自如地掌握教材，那么，他讲解就越是情感鲜明，学生听课后需要花在教科书上的时间就越少。这是教师素养一个非常微妙而又非常重要的特征。"本学期我执教了二年级上册的《"红领巾"真好》，这是一首诗歌，阅读这首小诗，犹如打开一幅清新动人的画卷，置身其间，仿佛看到晨曦下小鸟正唱着欢快的歌，梳理着蓬松的羽毛，无忧无虑地嬉戏着。课文第一节写小鸟的活泼可爱，小鸟在林间叽叽喳喳、蹦蹦跳跳，使人不由自主地爱上这些小精灵；第二节通过小鸟吃害虫的行为告诉孩子们，小鸟是树木的医生，是人类的朋友；最后一节用"红领巾"的爱鸟行动点明了"保护自然，保护鸟类"的主题。下面我就以此课的教学为例，谈谈如何进行教学内容的选择与落实。

一、词语教学巧分类

（一）视听分类创情境

试教时按文本顺序进行学词，先学"叽叽喳喳"，再是"蹦蹦跳跳"，接着学习"梳理蓬松的羽毛"。试教下来发现按课文顺序就词学词，独立割裂，导致课堂枯燥乏味，学生越学越沉闷，越学越没兴趣。听课老师指出教材顺序不是教学顺序，应该关注作者写作角度，诗歌要营造诗意。修改教案过程中对文本进行重新解读与分析，关注到作者的写作角度，发现作者是从听觉和视觉两方面进行写作，"叽叽喳喳"从听觉写了小鸟在唱歌，"蹦蹦跳跳""梳理蓬松的羽毛"则从视觉写出了小鸟的快乐。以此为线索创造词语学习的情景和意境，将词语教学进行分类调整。

教学节选：

生读：叽叽喳喳

师：想不想听一听鸟儿是怎么叫的？（播放声音）

生谈感受：听起来就像唱歌一样

师：我们也学着小鸟来唱一唱！男生唱——

生：叽叽喳喳

师：女生唱——

生：叽叽喳喳

师：大声唱——

生：叽叽喳喳

师轻轻地唱——

生：叽叽喳喳

师：小鸟在叽叽喳喳地唱歌，还在枝头——

生读词：蹦蹦跳跳

师：小鸟一边蹦蹦跳跳，一边梳理——

生（开火车读）：蓬松的羽毛

教学"叽叽喳喳"和"蹦蹦跳跳"时通过词语串联创造情境，从听觉和视觉两个角度分类学词，学生在学习中形象感知到鸟儿的快乐。分类学词轻松活泼，课堂教学一气呵成，教有趣味，学有劲头，充满童心童趣。这种因情境而生的张力和立体感，使词语有了个性体验的温度，吸引孩子兴致勃勃地投入到学习中。

(二) 字理渗透扬文化

汉字是中华文化之根，一个汉字就是一段历史，一幅图画，探索汉字的发展，从象形会意指示到形声字，汉字是一个巨大的宝库。剖析字源，了解汉字的演变，在故事的想象中激发学生思维的灵性和识字的热情，感受祖先造字的智慧。

教学"巢"时，让学生根据古字猜字说字：上面的"撇点"就是小鸟的头，中间像碗样的部分是巢，下面的"木"表示树。接着，利用课件直观演示"巢"字变化。"巢"字是象形字，教学中图字结合，凸显了象形字从图形到文字的有趣演变过程。汉字在学生眼里不再是死气沉沉的方块，而是栩栩如生的图画；不是干巴巴的笔画组成，而是流畅的线条挥画。

在"牌"的教学中让学生联系生活说说见过什么牌？从图片中发现"牌"的形状都是扁扁的薄薄的，形象直观地渗透"片"字旁的意思。从汉字文化本身出发，让学生感受汉字的灵动与形象。在"美"与"理"同构共生的拔节点上滋生出学生对汉字的特有情结，传承中华汉字文明。

二、朗读教学变花样

新课标明确指出，朗读教学是第一学段的教学重点，是阅读和写作的基础。叶圣陶指出："语言文字的训练，我以为最要紧的是训练语感。"语感是当今语文教育界的热点话题，语文教师越来越意识到培养学生语感是提高语文教学质量的重要途径。透过出声读，我们的口腔、舌头、牙齿、嘴唇在互动，像蚌壳一样慢慢磨，语言经过摩擦，才能在孩子的脑海乃至心灵上留下深刻的印象。传统课堂上单一的朗读形式会让孩子觉得枯燥，从而导致效率低下，通过花样朗读能有效地提高朗读教学效率。

（一）拆解法

对于二年级学生来说一下子读好短语"梳理蓬松的羽毛"难度太大，短语"梳理蓬松的羽毛"根据短语的结构可以划分为"梳理蓬松的羽毛"，因此在教学时我采用拆解法进行指导。

教学节选：

师：小鸟一边蹦蹦跳跳，一边梳理——

生（开火车读）：蓬松的羽毛

师：你还见过蓬松的什么？

生：蓬松的头发、棉花……

师：我们一起来读一读

生：蓬松的头发、蓬松的棉花、蓬松的稻草

师：早晨起来羽毛蓬松，怎么办？

生（开火车读）：梳理

师：瞧！梳理过羽毛的小鸟看起来怎样？

（出示图片：整齐的羽毛）

生：羽毛变得干净整齐

师：连起来会读吗？

指名读：梳理蓬松的羽毛

教学时采用拆解法：先理解读好"蓬松的羽毛"，再理解"梳理"，最后读好"梳理蓬松的羽毛"，由浅入深，分解难度，学生学起来读起来更加轻松。

（二）问答式

这首诗歌的形式特点就是每节的开头第一句都是问句，通过问答式朗读让学生在潜移默化中感受到作者的行文方式。

教学节选：

师问：清晨，林中谁最快乐？

生答：是可爱的小鸟，

叽叽喳喳，蹦蹦跳跳，

一会儿唱歌，一会儿梳理蓬松的羽毛。

师问：清晨，林中谁最活跃？

生答：是机灵的小鸟，

扑棱棱，飞来飞去，

捕捉害虫，保护翠绿的树苗。

男生问：清晨，林中谁最快乐？

女生答：是可爱的小鸟，

叽叽喳喳，蹦蹦跳跳，

一会儿唱歌，一会儿梳理蓬松的羽毛。

女生问：清晨，林中谁最活跃？

男生答：是机灵的小鸟，

扑棱棱，飞来飞去，

捕捉害虫，保护翠绿的树苗。

通过问答朗读，帮助学生发现这首诗歌巧妙的问答式写作方法，整体朗读课文，富有情趣。

（三）重构式

1. 换词拓展重构

学生对于捕捉害虫的益鸟十分感兴趣，通过学生自由列举，在代入诗歌中进行换词拓展重构，一方面学生能体会到创编的乐趣，另一方面又起到多次朗读诗歌的效果，可谓一箭双雕。

教学节选：

师：捕捉害虫的鸟称为益鸟，你知道哪些益鸟呢？

生：啄木鸟、山雀……

师：我们来大声喊喊益鸟的名字

生读：啄木鸟、山雀、燕子、黄鹂

师：你能学着课文的样子来夸夸它们吗？选你最喜欢的益鸟，夸给你的同桌听！

屏幕出示：

清晨，林中谁最活跃？

是机灵的　　　　，

扑棱棱，飞来飞去，

捕捉害虫，保护翠绿的树苗。

从课堂教学来看，学生说得很有兴趣，通过换词重构课文，既帮助学生一遍又一遍地熟读课文，又让学生在拓展说话中享受了语言学习的快乐。

2. 变换诗歌顺序

根据文字的结构，发现变换诗歌顺序读，不改变诗歌内容，更能展现诗歌的节奏与灵动。

教学节选：

师：小鸟可机灵了，想和小朋友变魔术，看！课文变成这样，会读吗？

女生读：叽叽喳喳，蹦蹦跳跳，

一会儿唱歌，一会儿梳理蓬松的羽毛。

男生读：清晨，林中谁最快乐？

是可爱的小鸟。

女生读：扑棱棱，飞来飞去，

捕捉害虫，保护翠绿的树苗。

男生读：清晨，林中谁最活跃？

是机灵的小鸟。

通过文本重构变换诗歌顺序，学生朗读时增加了趣味性，读起来不但有滋有味而且入情入境。先描写后回答，可以变换，在变换中进行多种形式朗读。

三、表达实践模仿说

"教材无非就是个例子，凭借例子让学生举一反三，习得言语表达的技巧"是语文教学的根本。诗歌一、二节的描写，清新动人，节奏轻快活泼，置身其间，仿佛看到晨曦下小鸟正唱着欢快的歌，梳理着蓬松的羽毛，无忧无虑地嬉戏着。对诗歌进行模仿说话，小朋友也像小鸟一样呢！引导学生思考：课间，校园里谁最快乐？对于孩子来说，课间生活丰富快乐，根据课文句式"叽叽喳喳，蹦蹦跳跳，一会儿　　　　，一会儿　　　　。"进行模仿说话，孩子们兴趣盎然，举手积极踊跃。随后，提高难度，屏幕出示模仿样式"课间，校园里谁最活跃？是　　的小朋友，叽叽喳喳，蹦蹦跳跳，一会儿　　　，一会儿　　　。"进行同桌讨论说话。课堂气氛活跃，学生参与积极，学习效果明显。

叶圣陶先生曾指出："语文学习，要让学生认识语言现象，掌握语言规律，学会正确熟练运用语言。"学习语言，具体包括三个方面：首先是学习字词句以及段篇，这是构成语言的物质材料；其次是学习听、说、读、写等运用语言的技能，这是语文能力的具体体现；第三是学习必要的语言知识和规律。对于低年级孩子来说，主要通过课文词句的模仿实现积累语言的目的。因此，在本课教学中，我通过模仿一、二小节诗歌进行说话，重视学生在实践中积累和运用言语的意识，在模仿中感悟语言，在实践中生成语言，引导学生通过内化、发展、运用语言来提升自己的语言能力。

四、生字书写抓难点

"蹦"字笔画繁多、结构复杂，是本节课最难写的生字，具有指导价值。因此，在书写指导时，笔者抓住难点进行突破。在学生观察后进行要点归纳：左窄右宽撇穿插，笔画多时要压紧。学生书写时紧紧围绕书写要点，评价时紧扣这两点进行星级评定。抓重点，写字教学更加高效，学生也更有收获。

  引情入境，调动孩子学习的积极性，使课堂教学情趣盎然，建立和谐愉快的师生关系。让孩子喜欢语文，走近语文，让语文教学充满诗意。这是一个语文教师必须具备的素质。选准、落实教学内容，关注已知，巧妙取舍，对于优化教学很重要。教师准确地找到切入点，巧妙地落实训练点，才能扎扎实实教语文，才能使我们的语文课堂朴素中有生动，生动中有精彩。

  选准、落实教学内容，就要在深入解读文本的基础上，准确找到切入点，巧妙落实训练点，扎扎实实教语文，使我们的语文课堂朴素中有生动，生动中有精彩。

基于"思维可逆化"的小学生数学核心素养发展策略

周连莉

对于基础教育而言,最根本的目的就是发展人的"核心素养"。在小学数学教学中正向思维训练过多的弊端分析的基础上,阐述了新教材实验中对学生要进行可逆思维能力培养的重要价值并提出了具体培养策略。

人的核心素养是在有效的学习过程中发展出来的,传统的"填鸭式"教学模式和"机械训练"模式都是急功近利直奔结果而却忽略了过程,教师传输知识的过程就是"生塞硬灌",学生学习的过程中就是"生吞硬咽",这样不但违背了大脑的认知规律,而且还使学生产生了强烈的厌学情绪。运用思维可逆化教学策略来升级教法与学法,把学习的过程变成知识构建的过程、有效思考的过程、深入探究的过程,这样不但可以提高教与学的效能,而且还使学习体验由枯燥乏味变成兴趣盎然。

数学上,许多概念都是成对的,运算也是互逆的。这种相反相成的对立统一关系,反映在人的头脑中就形成了一种可逆思维。思维的可逆性,意味着心理过程中思维方向的转变,即从正向思维转为逆向思维。如:$25 \times 4 = 100$ 和 $100 \div 4 = 25$,这两个等式的形式虽不同,但意义是相同的,都表示 100 是 25 与 4 的积。在 25、4 和 100 中所列出的两个关系之间存在逻辑等价关系,即 $25 \times 4 = 100 \longleftrightarrow 100 \div 4 = 25$,从任何一个关系式都可以推出另一个关系式。这种从正向思维建立逆向思维,形成正逆的双向思维联结,就是可逆思维能力。可逆思维能力主要表现在:可逆性叙述、可逆性计算、可逆性变换、可逆性推理等方面。

创造性思维的核心是发散思维，可逆思维又是发散思维的重要形式。我们要在正向思维熟练的基础上尽量培养逆向思维，逆向思维是从已有的习惯思维的反方向去分析和思考问题的，它摆脱了思维定式，突破了旧框架，从原有的解题模式中解脱出来而产生了新思想，形成了新方案，发现了新知识，这有助于学生良好数学思维品质（即敏捷性、深刻性、灵活性、批判性、独创性）的形成。瑞士心理学家皮亚杰就把可逆思维能力作为儿童智慧发展的重要标准。苏联心理学家克鲁捷茨基的研究也证明凡是数学能力强的学生，在一个方向上形成了联系，就意味着相反的方向上建立了联系，因而他能迅速地辨认或理解逆向问题，数学能力差的学生则往往感到困难。

综上所述，在小学数学教学中进行可逆思维能力的培养不仅是必要的，而且是势在必行的。因此，我们在教材实验教学中，要充分挖掘有关因素，针对不同的内容从不同的角度多方面地为学生创设情境、提供机会来培养可逆思维能力。它的具体培养可从以下几方面进行。

一、概念的可逆叙述

概念就是用简洁明了、合乎逻辑的语言表达它包含的本质属性和适用范围。建立概念的目的是能把概念所反映的事物和其他事物区别开来。在小学数学中的许多概念都是成对的，它们之间具有对立与统一的关系。教师在概念教学中对学生进行可逆思维能力的培养具有重要作用。

在教学中，数学概念得出之后，可进行可逆性叙述来加深对概念的理解。例如："含有未知数的等式叫方程"，可逆向叙述为："方程就是含有求未知数的等式"（有可逆性）。"两个角是对顶角，这两个角相等"，逆向叙述为："两个角相等，这两个角是对顶角"（没有可逆性）。这样使学生对概念的内涵与外延更加明确。又如：初学分数时，学生在分数的概念形成中，会说："$\frac{1}{2}$、$\frac{1}{3}$、$\frac{3}{4}$、$\frac{4}{5}$这样的数称为分数"，这时，可叫学生逆向叙述："分数就是$\frac{1}{2}$、$\frac{1}{3}$、$\frac{3}{4}$、$\frac{4}{5}$"（显然是不全面的）。这样就促进了学生的再认识，培养了元认知能力。

判断与概念是密切联系的，概念是判断的基础，而判断是概念的开展和发展。那么，在判断中同样可以运用可逆叙述的方式帮助判断。例如："任何一个合数都可以分解质因数",逆向叙述为:"能分解质因数的数是合数"(判断正确)。"两条不相交的直线是平行线",逆向叙述为:"平行线就是两条不相交的直线"。这时学生很容易举出反例,从而判定该题是错误的。

二、计算的可逆训练

在数和计算的教学中,对学生进行可逆思维的训练,就能使学生在计算中触类旁通、举一反三,这样有助于学生思维的发散。(1)逆向数数训练,加深对数的理解。如在教学了10以内各数的认识后,学生能不假思索地从1数到10,因为顺数可以顺溜,不一定理解数的意义,如果能倒数,则意味着他自己掌握了 n±1 的关系和互逆关系。(2)"从得数想起"的训练,明确计算的可逆性。如得数在10以内的加减法教学后,在熟练了 7+2=9、8-2=6 的基础上,启发学生进行思维的逆向思考,让他们从"得数看起",写出所有和是9、差是6的算式来,并问能写多少种?有规律吗?学生在训练中就会发现答案不是唯一的。(3)"做减想加、做除想乘",运用计算的可逆性解题。如:120-85=(   ),可逆性思考:(   )+85=120、120-(   )=85,加深加减法之间与乘除法之间的关系的理解。(4)计算的可逆思考。如已知 a×b=143,b×c=91,求 a、b、c 的值,实际 b 是 143 和 91 的公约数,因为 143=11×13、91=7×13,所以 a=11,b=13,c=7。

三、图形的可逆转换

在小学数学教学中,在对学生进行几何图形教学时进行可逆思维能力的培养,这不仅能提高解题效率,使问题巧妙获解,而且还有助于学生良好的空间概念的形成与图形设计、推理能力的提高。

例:1. 问图中阴影部分的面积是多少平方厘米?可逆转换之后就很容易得出面积是 $8×8=64cm^2$。

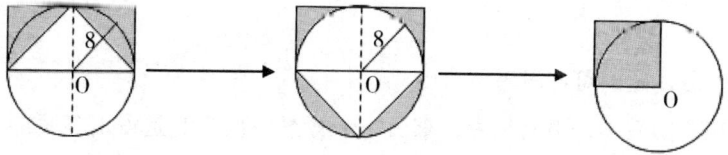

2.(日本教材)在教学长方形的四个角都是直角这一性质时,改变了以

往先出示长方形,再测量验证的教学模式,而是进行图形的可逆转移,让学生看到知识形成发展的过程而自主地构建知识。(如下图所示)

① 通过折纸得出四个直角。

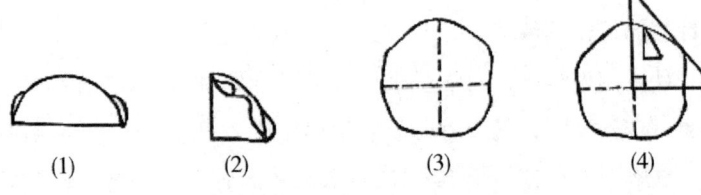

② 剪开后拼图,观察构成图形的四个角。

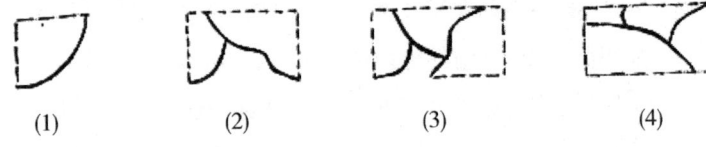

3. 对已知点与点的间距求图形面积,逆转换为已知面积与点与点的间距进行图形设计。

(1) 下面的图形面积是多少 cm^2?(点的间隔为1cm)

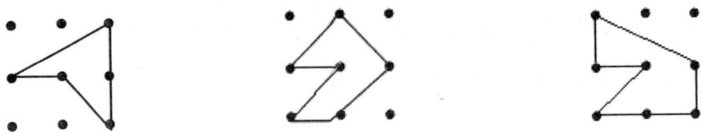

(2) 用绳子分别在图钉板上围成面积为 $2cm^2$、$2.5cm^2$、$3cm^2$ 的图形。(有各种围法)

三、应用题的可逆思考

应用题的教学,不只是为了求出一个答案,重要的是得出答案的思考过程。因为正是这个思考过程展示了学生数学思考能力的发展。在应用题教学中注重可逆性思维能力的培养，不仅能使学生加深对应用题的理解，而且能促使思维得以发散，用多种方法来解题，获取问题解决的最佳策略，使其思考过程最优化。

（一）应用题条件的可逆叙述

例如：甲比乙多$\frac{1}{4}$⟷乙比甲少$\frac{1}{5}$；甲比乙多$\frac{2}{3}$⟷乙比甲少$\frac{2}{5}$等。这样就促进学生思维的变通性。

（二）可逆性编题训练

就是在解答某一类应用题后，把问题当条件，把其中一条件当作问题进行可逆改编，揭示各类应用题之间的内在联系，进一步明确应用题的结构，如：例1. 机床厂原计划20天制造240台机器，实际每天制造16台，实际每天比原计划多制造几台？进行可逆性改编有：2. 机床厂原计划20天制造240台机器，实际每天比原计划多制造4台，实际每天制造几台？3. 机床厂要制造240台机器，原计划每天制造12台，实际每天比原计划多制造4台，实际几天完成任务；4. 机床厂要制造240台机器，原计划每天制造12台，实际15天完成任务，实际每天比原计划多制造几台？最后，可把这一组进行比较，进一步了解它们之间的内在联系，加深对数量关系的理解。

（三）应用题解题中的可逆性思考

学生在解答应用题时，往往习惯于正向思考。然而，相当一部分应用题在正向思考解答时往往思路烦琐，甚至束手无策，如果逆向思考则很顺当。可逆思考可以从某一条件或结论出发，进行可逆假设与推理来解决问题：

1. 可逆性假设。例：一项工程，单独做，甲要10天，乙要12天，丙要15天，开始三人合作，中途甲因病休息了几天，这次工程共做6天完成，问甲休息了几天？

思维分析一：假设甲病休时也在做，这样甲、乙、丙都做6天，即完成工作量的$\left(\frac{1}{10}+\frac{1}{12}+\frac{1}{15}\right)\times 6=1\frac{1}{2}$，这正是甲休息时间做的工作量多算了。故可求甲休息了几天：$\frac{1}{2}\div\frac{1}{10}=5$（天），列出综合算式是：$\left[\left(\frac{1}{10}+\frac{1}{12}+\frac{1}{15}\right)\times 6-1\right]\div\frac{1}{10}=5$（天）。

思路分析二：假设甲做的几天也在休息，也就是甲一天也没做，那么，乙、丙做6天的工作量为：$(\frac{1}{12}+\frac{1}{15})\times 6=\frac{9}{10}$，这样就比总工作量少了$1-\frac{9}{10}=\frac{1}{10}$，即$\frac{1}{10}$就是甲完成的工作量，便可求甲做几天：$\frac{1}{10}\div\frac{1}{10}=1$（天），最后求甲休息了几天：$6-1=5$（天），列出综合算式是：$6-[1-(\frac{1}{12}+\frac{1}{15})\times 6]\div\frac{1}{10}=5$（天）。

2. 可逆性推理。例：甲、乙两人各有钱若干元，甲拿出了$\frac{1}{6}$给乙后，乙又拿出$\frac{1}{5}$给甲，这时他们各有240元，两人原来各有多少元？

逆向思考：现在甲、乙各240元，是甲拿出$\frac{1}{6}$给乙，乙又拿出$\frac{1}{5}$给甲后才有的，设乙不拿给甲，这时乙有的钱数为单位"1"，拿$\frac{1}{5}$给甲后剩下的240元则占单位"1"的$\frac{4}{5}$，于是可求出乙未拿$\frac{1}{5}$给甲时乙有的钱数为：$240\div(1-\frac{1}{5})=300$（元），接着求乙未拿$\frac{1}{5}$给甲时甲有的钱数：$240-300\times\frac{1}{5}=180$（元），即280元是甲给乙$\frac{1}{6}$后剩下的钱数，则与甲原有钱数的$\frac{5}{6}$对应，故甲原有的钱数为：$180\div(1-\frac{1}{6})=216$（元），乙原有的钱数为：$300-216\times\frac{1}{6}=264$（元）。

综上所述，在小学数学教学中对学生进行可逆思维能力的培养，可以拓宽学生的解题思路，培养学生的发散性思维能力，发展学生的数学核心素养，从而形成良好的数学思维习惯和数学思维品质，实现学生整体综合学习能力的提升。

智慧实验班 Pad 教学在小学数学课前预习中的应用

季祥祥

一、智慧实验班概念解析

传统实验班大致有以下三种类型：

1. 学校里特别优秀的学生组成的班级，由学校里教学能力比较好的教师带领着，在课程进度上领先其他班级，在语、数、外、科等文化课成绩方面遥遥领先其他平行班。为了冲刺重点中学或名牌大学而设置的班级。根据教育法规定：中小学阶段属于义务教育，基础教育。变相的为了应试教育而设置这种类型的实验班与教育理念相违背。变基础教育为精英教育，影响教育公平性，同时增加了中小学生的课业负担。

2. 某些学校为了发展校本课程或者因地制宜发展当地特色项目而开设实验班。这类实验相当于特长班的类型。在副课和选修课课堂设置上有别于传统课程。如：美术实验班、舞蹈实验班、武术实验班、船舶制造实验班。此类实验班确实在人类发展上改变传统的培养模式。让一部分有特长的学生在自己喜爱的专业上得到成长。但是作为主要课程的语、数、外等应试课程上还是原有的模式。这些课程毕竟占据学生大量的学习时间，如果没有彻底改变这种"知识→教师→学生"的教授模式，与其叫实验班不如叫特色班或特长班。

3. 随着教育现代化、信息化过程的推进，沿海地区的学校实现了硬件设备的基本达标。一些学校确实在教学模式上有了前所未有的变化。投影、一体机的运用，在一定程度上缓解了教师的教学负担，改变了教学的格局。出现了小组探究合作的类型，学生在课堂上由传统的听课、记笔记，变成能自主探究、发现问题的求知者。但是由于目前班额数的限制，很难有机会让学生每人都能在课堂上发言，参与到教学每个环节当中。当前小学阶段规定班级人数不超过 45 人。一个教师面对 45 人的教学，很难做到照顾到每个学生的个性。虽然上海有部分学校实现了小班化教育，基本接近发达国家的水平，但也是局限于一线发达城市的贵族学校，很难在二线城市推广。

智慧实验班有别于以上三种类型的实验班。首先它不是由成绩优等生组成的班级，也不是某些才艺特长的班级，更不是为了应付课改任务实行的上几节学生自主探究课的专门训练过的班级。在星海小学，从三年级升到四年级时，为了与平行班进行学习效果的对此，其班级中学生的上、中、下学生的设置基本与其他 6 个班级一致，班级平均分也与其他班级相差在正负 2 分内。最主要的是学习方式的改变，建构以"学生活动为主的课堂"，课前预习→课堂学习探讨→课内训练巩固→课后拓展延伸新的模式。

二、研究的对象及方法

本人是四（7）班任课教师亲身经历智慧实验班（Pad）教学在小学数学预习当中的应用。当初选择预习这个环节进行研究，基于以下三点考虑：（1）课前预习是教学任务首个环节，预习工作没有做好，后面的学习和复习当中就要花费更多的时间去学习，增加教师和学生的课业负担。（2）课前学习能够培养学生自学能力，拥有自学能力的人才是我们教育所真正培养的社会人，而不局限于象牙塔内的"学霸"。（3）课前预习能够提高课堂效率，真正实现课堂上的师生互动。在以往课堂中教师运用大量时间讲授新知。在 40 分内学生很难集中注意力听完全程。Pad 在这个过程中使教师能够全面接收到每位学生的答案和问题，不仅局限课堂里解答，能够实现跨越时间和空间的局限进行一对一解答。通过问卷调查和访谈法对这一个学期的四（7）班学生学习方式改变进行跟踪，引入学习幸福指数考核表，改变以往以成绩来考核学习的成效，更加关注学生心理层面和精神层面的动向。

三、Pad 教学在课前预习中的实施情况

在欧洲、美国、香港、台湾等发达地区也有 iPad 在课堂教学中的应用。基于是学校与企业实行合作，定制相应的 App 软件在 iPad 中运用，支持和辅

助相应的学科教学，并且取得了颠覆性和变革性的成效。有些国家将其称为"电子书包。"但是我国的课堂设置跟国外不一样，存在国家之间的差别，同时，我国地区之间的教材也存在差异，需要一种符合自己学校的 App 软件。学校、宁波汇教网络教育研究中心、家长三方合作。由家长出资，付出两笔费用，一笔是购买 Pad 的钱，另外一部分是每年付给汇教 App 的使用年费；宁波汇教网络教育研究中心负责购置 Pad，其后台的 App 的维护和更新；学校负责使用 App 进行教学，及反馈使用过程中存在的问题进行改进和优化。其主要界面如下：

除了传统教学的预习、上课、作业、订正、复习、测试等环节之外，还有实现跨越时间和空间的个性教学、提问解答、微课录制、课堂实录，错题反馈功能。最主要的能够实行学习管理数字化。Pad 会对每个环节进行跟踪和反馈。教师和学生通过及时反馈的数据，便于发现问题和解决问题。

本论文着重研究和分析 Pad 在课前预习环节中的应用。课前预习应用环节如下：

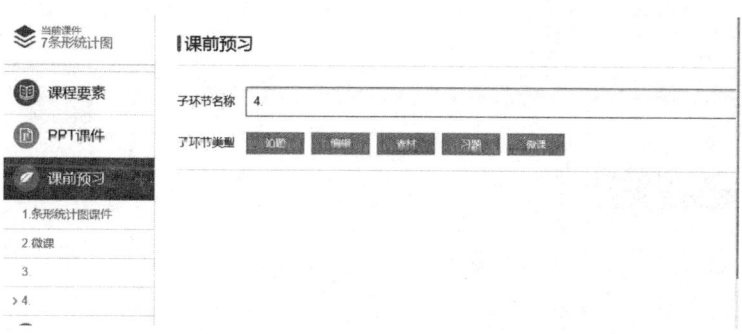

可以任意添加子环节，每个子环节类型可以有以下五种类型：

1. 以论题为话题进行讨论，在课前预习当中，教师以任务为导向布置预习任务：如在平行四边形中预习完相应的教材章节后回答出"什么是平行四边形？""平行四边形的特点？""如何画平行四边形？"。又如：在角的度量章节中，"角根据角度的大小可以分为几类？""画角的方法"。

2. 编辑框，教师可以任意编辑文字资料，发布消息或者加载图片和习题，相当于一个强大的 Word 界面。

3. 在素材库里包括三大类素材：个人素材库、校本素材库、平台素材库。上传素材类型可以是文本（doc、txt）、图片（jpg、jpeg、png）、音频（mp3、mp4）、视屏（mp4）、课件（ppt）。个人素材库是教师自己的资料库，教师可以上传自己平时积累的教学资料，或者自己编辑第一手资料进行上传。校本素材库是学校的数据库，有时候教师的个人资料不足或者没有完善电子资料可以去学校数据库找到相应的资料进行上传。平台素材库是指宁波汇教网络教育研究中心的数据库，平台跟多个学校合作，拥有更加丰富的资料库，其最大的特点就是拥有汇教网络课堂这样的微课平台。相比其他视屏教学时间长、知识点多的特点，学生刚开始有兴趣，后期麻木了，该微课时间控制在 7–8 分钟内，并且在学生熟悉的 PPT 面板上只针对一个知识点进行讲授。对于课前预习摆脱了纸质的束缚，可以多形式地进行，视屏、动画等资源使单一枯燥的学习变成丰富立体的学习。

4. 习题库里包括三大类素材：个人习题库、校本习题库、平台习题库。题型包括中小学阶段的所有题型，有单选题、多选型、是非题、填空题、解

答题、综合题。而且根据学生的差异可以分层次布置任务，选择有：易、较易、中、较难、难五种类型。根据教学任务类别，可以分为来自题库、作业、考试真题、拓展1、拓展2五大类别。

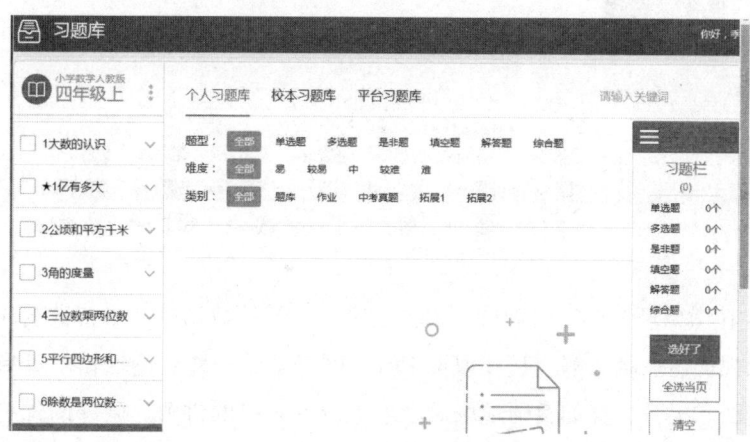

教师在布置完课前预习习题后，可以选择多种方式进行批改。有教师亲自批改、组长（学生）批发、系统自动批改（主要针对选择题和判断题）、学生自己批改。在批改完作业后，教师可以发布正确解法的文字、图片、视屏（微解）解析。系统拥有强大数字化管理后台，会对每一题做出统计，正确人数、正确率、错误人数、错误率。有利于教师知道每个学生的答题情况，不用传统的手工统计。

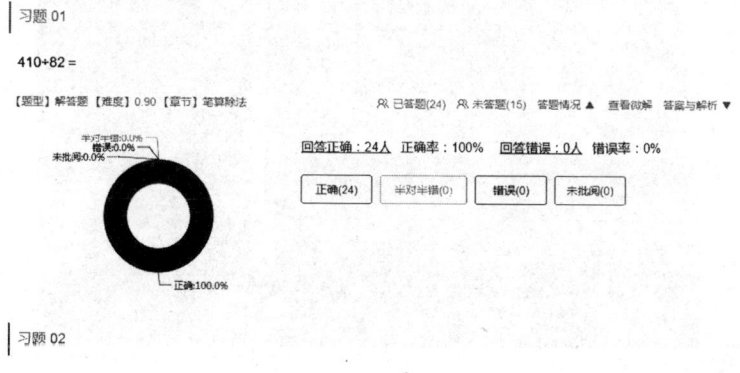

在完成全部习题后，系统会对学生的做题情况生成数据进行评级。分为优、良、及格和待及格。教师针对这四类学生可以布置不同难易程度的个性化作业，进行强化训练。

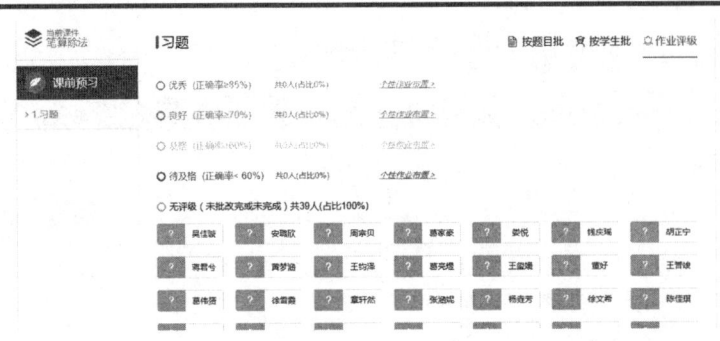

5. 在微课环节当中，教师可以发布个人、学校数据库、平台数据库的微课教学视屏、录制微解。是在以前PPT、网络学习课堂、论坛帖子等形式上质的飞跃和提升，犹如教师现场对学生进行一对一的讲解。微课的优势主要体现在以下两个方面：第一，其跨越时间的限制，不局限于课堂，可以是课外；第二，学生可以在家里或任意有Wife的场所听课，真正做到移动教学。在没有Wife的场所也可以事先下载好视屏，在等公交、吃饭的时候进行观看。

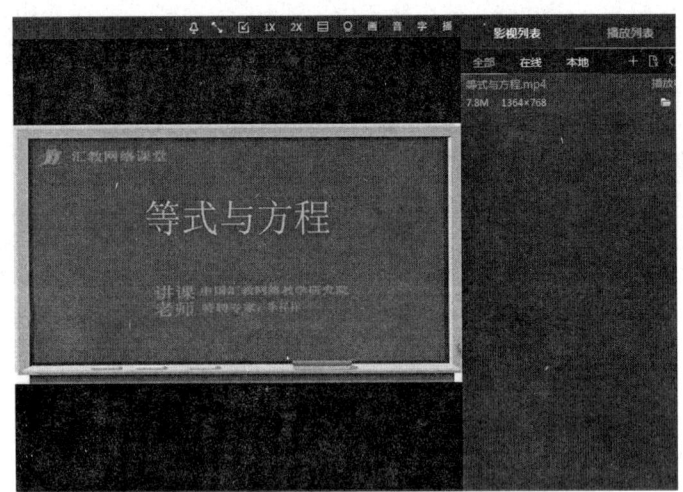

四、学习幸福指数考核表

1. 学习方式调查表

以往的纸质书本预习难懂,没有人指点,也没有师生互动的环节;在使用 Pad 进行数学预习教学一个学期后,学生更加喜爱自主学习。

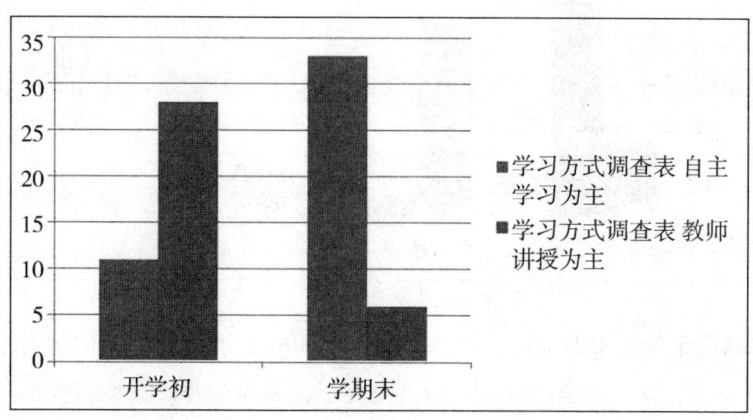

2. 数学预习时间调查表

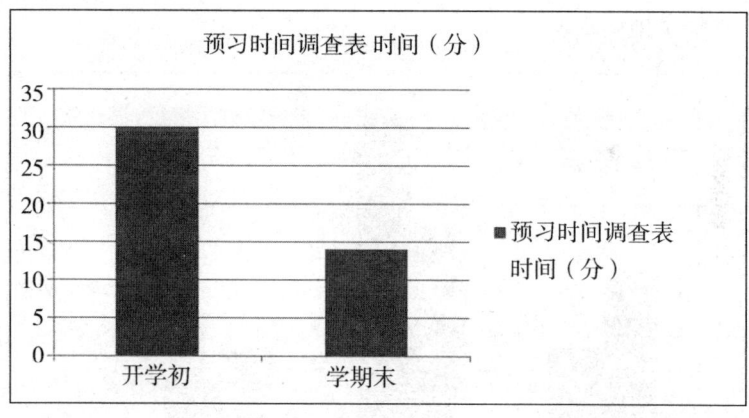

采用更加高效便捷的 Pad 进行数学预习后,学生用在数学预习上的时间明显减少,以往家长担心的视力问题也打消了。

3. 学习自我成就感指数

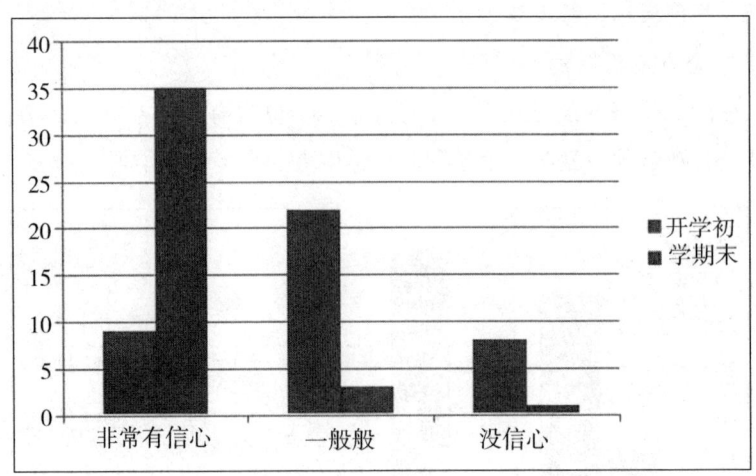

Pad用于教学中教师评价体系、学生之间的互助都对学生的学习产生了积极的意义，学生的学习自信心明显提高了，因为在开设智慧实验班（Pad）之时，学生是自愿报名，并没有进行筛选，其中就有一名弱生参与了四（7）班，其认识情感存在缺陷。

4. 课业负担调查表

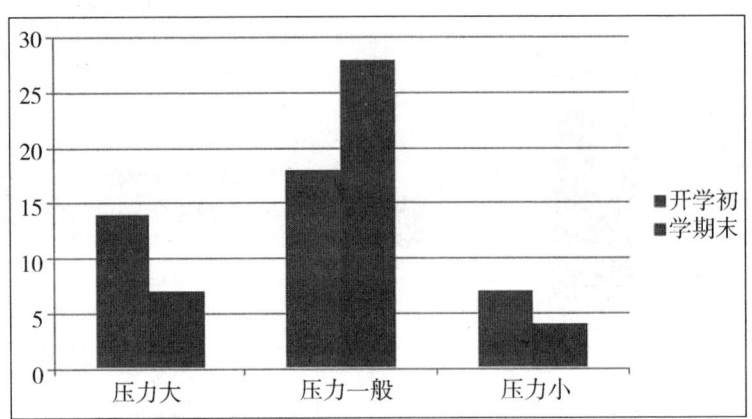

开学初，三年级到四年级刚分班，学生对一切有不确定的因素。压力较大，经过一个学期的学习方式调整和适应之后，学生压力明显减轻了。

5. 对 Pad 运用数学课前预习总体满意度调查表

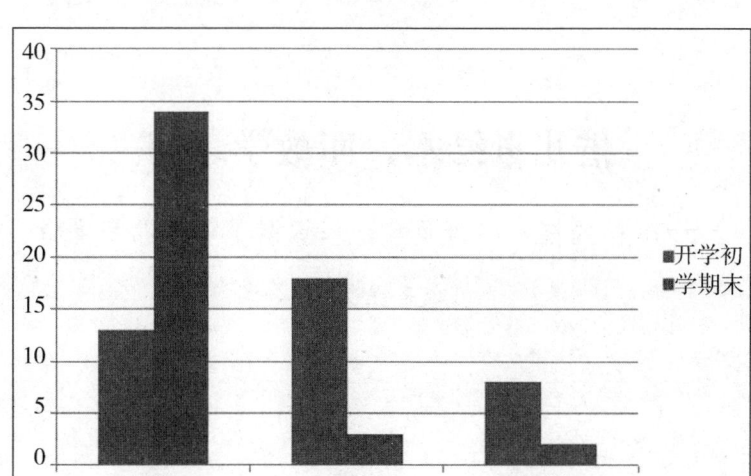

学生摆脱传统的数学学习的方式，自主学习能力增强，学习时间减少，课业负担减少了，在学期末满意度明显提升。除两名后进生，自身不爱学习、懒散外，其他学生的学业成绩都有了明显的提升。

五、总结

不可否认 Pad 教学在小学数学课前预习中的应用，改革了传统的预习方式，成为教学改革"先锋部队"，但是教师的工作量明显增加，教师要对课前的资料进行筛选优化，学校数据库和平台数据化也需要进一步完善。教师针对预习中出现的问题要及时调整讲课策略。此数据能够记录学生学习的数据，对于学生的学习时间能够进行优化并合理分配，重点学习没有掌握的知识，大大地提高学习效率。智慧实验班（Pad）在各次数学测试中虽然以 1-2 分领先平行班，但是其学习时间和课业负担明显减少。幸福感指数有了质的飞跃。这也与新时代培养核心素养的教育理念相符合。中小学阶段淡化分数对学生评价的影响，多关注学生的心理健康成长和发展持续学习、终生学习的格局。也与智慧实验班（Pad）不是尖子班而是为促进学生学习方式转变而设立的初衷相符合。

借儿童绘本，叩数学之门

——结合《巨人的拼布被》浅谈数学绘本教学策略

王钰莹

绘本，在国外多被称作"picture books"（图画书），它起源于西方，诞生于19世纪后半叶的欧美。绘本以绘画为主，并附有少量文字，它曾被公认为"最适合幼儿阅读的图书"。儿童从幼儿园升入小学，是生活的一大转变，如何让他们在这一大转变中对"数学"这个新朋友留下好印象，为今后学习数学打下良好的兴趣基础呢？数学绘本给我们开辟了一条有效的途径。数学绘本以图文并茂的形式，将数学知识蕴含在生动有趣的故事中，激发学生的学习兴趣，促进学生积极参与学习活动，主动探索数学知识，拉近数学与儿童的距离，轻叩数学之门，感受数学魅力！

一、挑选绘本故事，契合教学内容

（一）紧扣教材，选择绘本材料

将绘本故事带入课堂的主要目的是激发学生的学习兴趣，但是如果我们一味追求趣味性而忽略了数学课堂的本质，那就失去了其本质的意义和教学使用的价值。为了紧扣教学内容，把握数学教学的本质，我们必须结合数学教材的教学内容、教学目标挑选合适的绘本故事。例如在教学二上《认识平面图形》时，我们必须抓住"平面图形"这一重点对绘本故事进行选择。《巨人的拼布被》恰好有这样的特点，故事中巨人把它的长方形被子剪成各种各样的平面图形送给需要帮助的小矮人，在这个过程中，学生就可以通过观察去认识平面图形以及它们的特征。如此，绘本材料和数学教学内容紧密配合，有机衔接在了一起。

（二）紧扣教材，增减故事情节

结合教学内容选择绘本故事之后，并不能直接用于数学课堂。教师应结合自己的教学风格、学生学情特点、教学重难点等因素，对绘本内容进行适当的再选择，删除一些多余的故事情节，增添一些教学需要的数学元素，使其更加蕴含数学味。

（三）紧扣教材，创编故事情节

数学绘本教学是教师对绘本的再创造。教师在充分了解绘本内容的前提下，基于数学教学的需要，还可以对绘本故事进行适当的改编，甚至改编绘本故事原先的主题思想，使得教学目标可以落实得更加扎实。高丛林老师执教的《巨人的拼布被》里的故事就是结合教学内容改编而成的。在巨人热心用他的被子剪出各种图形帮助小矮人的情节中，学生认识了各种平面图形；在小矮人用各种图形拼成被子帮助巨人的情节中，学生获得了图形拼组的技能。两个情节的设计恰好与数学教材的两个例题——对应，而且衔接十分紧密自然。

二、选择教学方式，落实教学目标

（一）创设问题情境，推动思维发展

我国小学数学教育专家周玉仁教授曾经指出："数学学习的本质是学生获取数学知识，形成数学技能和能力的一种思维活动。"可见，数学思考是学生学习数学必不可少的活动过程。学生阅读绘本故事的同时，教师应利用故事情节的发展将学生引入问题情境，引发学生思考，让他们在整个故事情节发生中都处于求知状态。《巨人的拼布被》中，高丛林老师通过"老农夫得到的是什么图形？""正方形和三角形比一比，有什么不同？""第三个老奶奶破了一个长方形，为什么说巨人给她的布却不合？"等一系列的问题，激发学生主动地去思考，锻炼学生的思维。在对话和讨论中，教学目标得到了实现。

（二）设计实践活动，积累数学经验

积累数学活动经验是提高学生数学素养的重要途径之一。学生通过不断体验各种数学活动，逐步感知和理解数学知识，并积累解决问题、分析问题的基本经验。这些经验是教师没有办法"教"给学生的，必须通过学生自己的实践活动逐步获得。在孩子们听故事的过程中，设计相关的实践活动，让孩子们参与到故事情节中去，体验知识应用的乐趣。美国一位教育家曾经说过："告诉我，我会忘记，做给我看，我会记住，让我参加，我就会完全理解。"数学绘本通过情景故事让孩子们在玩中学，在学中玩，寓教于乐，体会乐趣。《巨人的拼布被》中通过让学生摸一摸、拼一拼、说一说等活动，潜移默化地巩固了对各个平面图形特点的认识，锻炼了学生的观察能力，培养学生的动手能力，获得一些数学技能。

（三）组织合作交流，提炼学习方法

每个学生都有各自不同的思维方式和处理方法，通过组织学生合作交流，可以帮助他们从同伴那里接触和了解到不同的思路和想法，丰富他们原有的观念和知识体系，加深对他们问题的理解。通过交流合作，学生还可以获得丰富的情感体验，如成功的喜悦，失败的痛苦；增强合作意识；锻炼表达能力；调动学生的热情……《巨人的拼布被》中对于较难的图形拼组，教师选择小组合作的方式完成，一是降低题目的难度，二是发挥合作交流的优势。

三、挖掘主题思想，延伸教学价值

（一）利用绘本特点，激发学习兴趣

儿童绘本具有文字简洁、画面精美、板式灵活等特点，这些直观为主的特点恰好与儿童形象性思维为主的生理特点相符合，所以更能激发他们的阅读兴趣，适合作为儿童的早期阅读读物。绘本课堂上，学生们不由自主地竖起耳朵，瞪大双眼，听得十分积极投入。在恰当时机，教师根据故事情节创设问题情境，引发学生思考，使得学生的好奇心和求知欲不断被激起，积极主动地投入到问题探索中，学习效果显而易见。《巨人的拼布被》就是这样，舒缓的音乐、动听的声音、引人入胜的情节……让每个学生都十分专注、好奇、积极。高丛林老师将整个故事分为四个阶段呈现，每个阶段结束时都根据故事情境抛出数学问题，学生的胃口一直被"吊着"。一整节课看似都在听故事，却又都在思考、活动，学生的兴趣没有减弱，数学味也没有减少。

（二）挖掘德育因素，发展儿童情感

德育是学校教育的重要组成部分，德育渗透符合教学的教育性原则。数学作为小学的基础性学科，努力挖掘德育因素并充分发挥数学学科的德育功能是小学数学学科的一项重要任务。除了充分挖掘教材中蕴含的德育因素，教师还可以自己选择材料，渗透德育。《巨人的拼布被》中，巨人为了帮助小矮人们，亲手剪下了去世的奶奶留给他的唯一东西——被子，这样乐于助人、无私奉献的行为令人感动。当巨人挨冻生病时，小矮人们准备为巨人拼一个大被子，这样知恩图报、同心协力的行为也激起了孩子们内心的善良。教学不应只局限于智育的发展，学生个性心理品质的健康发展对学生今后的成长更为重要。

（三）发扬内隐学习，延伸教学价值

数学绘本教学以绘本为载体展开教学，绘本阅读是儿童提升口语技能、增强书面语言的重要途径之一，除此之外，它还能发展儿童的情感，培养儿童的想象力、观察力和思维能力，增强审美意识。这些绘本自带的教育功能在数学教学中也潜移默化地影响着学生。这样"无意识"的影响有别于有意识的学习，对儿童来说，无意识的内隐学习比有意识的外显学习更加有吸引力，印象更深刻，而这也正是儿童绘本阅读的魅力所在。

数学绘本故事是数学教师带给漫步在数学花园里的低年级儿童珍贵的礼物，它为低年级儿童的数学学习打开一扇窗，让孩子们享受到了数学别样的新、奇、趣。数学绘本在无形中打开了孩子的心智，锻炼了孩子们的数学思维，使每位孩子都有适合自己学习的内容和发展的机会，数学的种子在孩子的世界里慢慢发芽、茁壮成长，营造出一道美丽的数学学习风景！

范·导·练·赏·评

——浅谈培养小学生规范书写英文的五步法

祝菊红

《小学英语新课程标准》指出：在小学生学习英语的初级阶段，让他们学会规范的书写格式、养成良好的书写姿势、斜体规范书写、大小写笔顺、标点符号，对于他们将来的英语书写美观与否具有很重要的意义。苏霍姆林斯基说："书写是学生最必要的学习工具，同时也是通往周围世界的窗口。"著名学者郭沫若认为培养学生写好字有助于培育学生良好的思想和道德素质。由此可见，英语规范书写的重要性不言而喻。

但本人在多年的小学英语教学中发现，有相当一部分小学生的英语书写不达标，有的学生甚至到六年级还不能正确、完整、规范地默写26个大小写字母。为此，本人对所在小学四到六年级的全体学生的英语书写情况进行了调查，发现学生普遍存在：

1. 书写字母时弄不清字母书写的笔顺，几笔完成以及字母在四线三格中占的位置。

2. 书写单词时混淆字母的印刷体和手写体，如把小写 l 写成大写 I，把大写的 J 写成小写的 l。

3. 很多小写字母的小辫子和小尾巴会被学生忽略。

4. 国家名、地名、姓名等一些专有名词首字母没有大写。

5. 写句子时忘了首字母大写。

6. 句末的标点忘记点或者把英文句号"."写成中文句号"。"。

7. 句子中单词间距不合适或不均匀。

8. 在书写英文时，常出现直、方、角现象。

为此，根据多年的教学实践和体会，尝试运用"范、导、练、赏、评"这五步法，培养学生逐步形成规范书写英文的习惯，以期学生今后能拥有一笔规范、流畅、美观的英文字。

一、范

"范"即教师的示范。"师者，人之模也"。所以教师自己首先要写好一笔漂亮的英文字母，从起笔到收笔或停笔，用几笔写成都要示范清楚，这样才能起到示范作用。规范、漂亮的书写，不仅能给学生赏心悦目的感觉，又能激起学生浓厚的书写兴趣。教师可在黑板上板书，但粉笔毕竟不同于学生用笔，若能直接范写于英语书写纸上，通过实物投影，不但可以让学生清楚地看到教师执笔和运笔的方法，又能直接领悟书写要领和注意事项，目识心记，纠正自己盲目、错误的书写方法，真正发挥示范功能，易于学生掌握。将枯燥的内容化为形象的教学形式，从中也帮助学生养成细心的好习惯。

在示范前，先出现四线格（如下图），让学生在观察中了解四线格由四根线组成三格，简称四线格。通过对四线格名称和特性的了解，为以后寻找书写的规律奠定基础。

```
_____顶线
上伸区_____主体线
主体区_____基准线
下伸区_____底线
```

在示范后，引导学生说出字母在四线格中的位置，字母书写的笔画顺序，让学生自己说出书写时该注意什么。并让学生自己总结规律，并与印刷体进行对比，分清两种字体间的异同之处，从而防止两者间的混淆，减少错误的产生。

而标点符号和数字在四线格中的摆放位置，是很多老师随便带过，甚至直接忽略不讲的，结果导致学生的写法和摆放方式五花八门，影响书写整体的美观性。笔者认为，也应规范标点符号和数字在四线格中的位置，而且可单独作为一个版块进行教学。如下图：

特别强调：句号（.）、逗号（,）及省略号（…）要写在紧靠第三线（基准线）的上方，而不是在第二格（主体格）中间。冒号（:）和分号（;）的下端分别与（.）、（,）的位置相同，上端稍低于第二线（主体线）。引号（""）与大写字母的上端相齐。省字号（或表示名词所有格的符号）（'）大致比字母 i 的点高出一些。（?）和（!）大致与大写字母同样高低。连字符号（-）及破折号（——）应写在第二格（主体格）当中。而数字的书写规格与大写字母的书写规格一致。

在学生仿写中，教师除抓好学生正确的写字姿势和执笔姿势外，也应对学生的写字态度、文具纸张的保护方面进行正迁移，为学生良好的养成教育奠定基础。

二、导

"导"即教师对学生进行兴趣引导、方法指导，是示范的延续，也是学生领会知识与进行书写实践之间的重要一环。

（一）兴趣引导

英语有一句谚语："Education must be fun."（教育必须是有趣的）。爱因斯坦也说过："兴趣是最好的老师。"成功的教育应该是巧妙地激发、引导、保护、强化学生学习的兴趣。英语书写教育也同样如此。笔者认为运用儿歌、顺口溜帮助学生记忆书写规律，寓教于乐，一举两得。

1. 字母书写儿歌

字母书写有规律，右倾五度正合适。

大写一律上两格，上不顶线是原则。

小写字母怎么办？请你耐心往下看：

头上有"辫"上两格（b, d, h, k, l），

有"尾"下面两格拖（g, q, y），

无"辫"无"尾"中间格（a, c, e, m, n, o, r, s, u, v, w, x, z），

唯有 f, j, p 占三格，i, t 中上一格半，

对照课本仔细看，养成书写好习惯，关键还要反复练。

2. 单词书写顺口溜

单词书写看清楚，不紧不疏间隙当，不胖不瘦更美观，每个字母排排队，看谁排得更漂亮。

3. 句子书写顺口溜

头大写，尾标点，句号缩成小圆点。词词分开别粘连，糖葫芦一串没法念。

（二）方法指导

1. 联想法

教育家波莉亚认为：学习任何知识的最佳途径是由自己去发现，因为这种发现理解最深、也最容易掌握其中的规律、性质和联系。儿童的想象力是很丰富的，如：有的学生认为大写的 G 像一个小孩抱着膝盖蹲在地上，有的则认为它像一只母猴坐在地上；当问他们小写的 f 占几格时，有学生认为它该顶天立地的，所以三层楼都让小 f 给占了（四线三格被学生形容成三层楼）。下面都是学生通过想象总结出的一些生动有趣的字母形象：一座宝塔（A）、半个葫芦（B）、弯弯的月亮（C）、一张大弓（D）、曲项向天歌的鹅（e）、小海狮顶球（i）、一把小伞（J）、漂亮的蝴蝶结（k）、小鸡出壳（Q）、两个山谷（W）、两扇门（m）、隧道入口（n）、一个树杈（Y）等。如此，结合学生的总结和联想，来加深学生对字母规范书写的理解和记忆，效果和效率都要高得多，为学生的规范书写奠定比较扎实的基础。

2. 比较法

教师指导学生把外表相似的字母一对对列出来，进行比较分析，如 a 和 d，a 和 u，f 和 t，m 和 n，u 和 v，n 和 r，v 和 r，i 和 j，g 和 y，p 和 q，I 和 L，以及 J 和 l。比较出不同后，再运用认读、抄写和听写进行巩固，张冠李戴的现象明显减少了。

三、练

"练"即学生对英文书写要勤练。古人云："读书破万卷，下笔乃有神。"英文书写亦是如此，规范的练字能使学生掌握正确的书写方法。只有经过多次强化练习才能形成熟练的技能，才能找到写好字的真正感觉。

（一）书空

用手指在空中或其他物体上书写，这既可节省时间，又具有趣味性。书空的方式可多种：跟着老师书空；比一比书空的速度；看别人书空，猜；根据笔顺、笔画、笔画间的位置关系、大小比例，快速书空等，这些既调动了学生练字的积极性，又能提高学生的快速反应能力，加深对英语书写的记忆。

（二）描红

用笔按字体的笔顺在红色的字母上描，它是学习写字常用的最有效的一种方法，它能使学生直接地掌握字母的笔顺与结构特点，提高书写水平。

（三）抄写形式要多样

为了避免打击学生学习英语的积极性，老师应杜绝狂抄滥写，而且要开动脑筋设计形式新颖的书写练习（如搭配、改错、替换等），这会对学生产生很大的吸引力。就是最简单的抄写字母也要变换着方式，如按元音归类抄、按大小写字母分类抄等。

（四）提笔即练字

教师应要求学生看准了再写，一下笔，就不能出错。三四年级学生开始写字母单词时，要求一律用2B铅笔，而且不能老用橡皮。等到五年级，学生已有一定书写经验后，要求一律用黑色钢笔或水笔，不能乱涂乱改，涂改一次重做一次，这样就能养成良好的书写习惯。

在练字的过程中必须由具体到抽象，由现象到本质，由简单到复杂。学生在学完字母以后，该进行单词和句子的书写。俗话说得好：万事开头难，如果学生的字母基础打得扎实了，学写单词也就迎刃而解了，但书写句子又是个难点。在书写句子时，为使他们趣学、易掌握，通过顺口溜：书写句子三做到，开头字母是大写，单词与单词要分开，最后不能忘标点。在练写的时候要求学生先整体读一遍句子，然后进行书写，能记住最好，如果不能记住就一个单词一个单词书写，切忌一个字母一个字母书写，这样做能引导学生口、眼、手、脑并用，有利于学生记忆单词。

练字不仅可以提高学生的书写水平，还可以提高学生的耐心、细心。当然为了避免学生练字时养成"应付差事"的不良习惯，应让学生先练心，在心静如水的情况下能锻炼人的恒心、信心、耐心、细心、责任心等优秀品质,特别是对学生的观察力、记忆力、想象力、辩证思维能力等综合素质的提高会有很大的帮助。学生有点滴进步即给予热情鼓励,倾注更多的关爱,增强其自信心,力争每一位学生,通过自己的努力,"跳一跳,摘到桃子",都能享受到成功的喜悦,从而练就一手好字。

练字是一项长期的训练工程,只有反复指导,反复练习,才能为学生夯实基础,同时更要注意反复强化,持之以恒。不过,单一的练习会使学生感到枯燥、疲劳,因而应采取多种方法强化,从不同角度达到殊途同归的目的,使学生真正心领神会。

四、赏

赏即培养学生的欣赏能力。浙江省小学英语建议第12条中指出:教师可根据自己的特长,帮助学生学习和欣赏英文的手写印刷体、意大利直体或圆体。学生在经过"范、导、练"之训练后,再让学生欣赏一些优美的英语书写范本,既可以激发学生的写字兴趣,提高对文字的审美能力,又为学生在书写水平上更上一层奠定了基础。优美的英语书写范本的欣赏范畴可分为以下三种:第一种从字母、单词、句子、篇章这四方面递进式欣赏;第二种从手写印刷体、手写斜体行书、手写圆体行书这三种字体的对比中欣赏;第三种从四线格、双线格、单线格、无线格这由简入难的挑战中欣赏。如下图,属于无线格的匀笔斜体行书范本。

> At first I found English difficult.
> But I was not discouraged. I redoubled
> my efforts and gradually caught up
> with my classmates.
> No pains, no gains. There is no short cut.
> Practice makes perfect.

五、评

"评"即评价,是写字教学中不可缺少的环节。教育家第惠斯多说过:"教学艺术的本质不在于传授,而在于激励、唤醒和鼓舞。"评价的重要性就在于此。《新课程标准》指出:评价是英语课的重要组成部分。科学的评价体系是实现课程目标的重要保障。评价体系要体现评价主体的多元化和评价形式的多样化。

(一) 口头语言评价

它具有直接、快捷等特点,是课堂教学中使用频率最高、对学生影响最大的过程性评价方式。如:在教学字母的时候看到学生好的就说:Good! Very good! Well done! Beautiful! 等。

(二) 体态语言评价

教师的一个会心眼神,一个真诚的微笑,一个夸奖的手势,一个轻轻的抚摸——这些无声的态势语言评价只要是发自内心的,同样能拨动学生的心弦,可以起到"润物细无声"的效果。

(三) 形成性评价

形成性评价的内容是多元的,形式是开放的。对学生的评价更要重激励、重发展、重能力。如:在字母教学中,运用实物投影仪,可把学生所写的具有代表性的字母和范字并列显示在屏幕上,让学生看到自己所写的字与范字之间的差距,及时引导矫正。这样当堂反馈、评价,当堂改正,既鼓励了学生,又肯定了成绩。在学生作业本上写上激励的语句,一个"Yes!""Good!""Well done!"都能给孩子莫大的鼓励。除此之外,作业本上的每次作业都有对学生写字质量的评价,★★★为优秀,★★为良好,★为合格,连续满三个★★★的可以得到一个小苹果;还可以不定期地举办不同层次的作业展览,在展览的过程中,让学生进行自评和互评,培养学生正确评价自己和他人的能力,这是促进学生进步的好形式,有助于保护学生的自尊心和提高其自信心。同时也要找出弊病,重点示范讲解,以尽快纠正学生在练习中养成的不良习惯。像一些制作的贺卡、写的小作文等,把它们展示出来,并尽可能地展示每一位学生的作品,让他们都能体验到成功,并激发他们的好胜心理,提高写字欲望。

评价要面向全体，全面发展，在评价中还要充分关注学生的个体差异，关注学生的原有水平，不同的学生应有不同的评价标准，评价的主要目的不是为了选拔少数优秀学生，而是为了发现每个学生的学习潜能，促进学生的学习，保护每个学生的自尊心和自信心，保证目标的最终实现，并为教师提供教学反馈，促进写字教学的发展。

结束语：写字是一门学问，更是一门艺术。写字教学过程是师生双边活动的过程，活动性强，随时可能出现多种变化：环节的顺序会有变化，节奏与出现的频率也会有不同，各个环节有时也相互渗透，如：教师示范包含着书写指导等。教师在安排教学过程的时候，应该根据学生书写过程的需要，灵活安排，使写字教学因势发展，生动活泼。总之，要把字写好，是一个系统的、庞大的工程，不可能一蹴而就，更不会一步登天，所谓"冰冻三尺非一日之寒"即是这个道理。这就要求老师在培养学生时要练就一双"火眼金睛"，用自己的双眼敲开学生写字这扇大门。只要我们遵循规律，严格要求，学生的字定会日渐进步，从而养成良好的书写习惯，为进一步学习英语打下坚实的基础。

切开阅读"大蛋糕",变阅读为"悦"读

——小学高段阅读课 PEP 7 Unit2 Part B Read and Write 课例实践

华露露

《义务教育英语课程标准(2011年版)》(教育部,2012)指出,语言既是交流的工具,也是思维的工具。英语课程承担着培养学生基本英语素养和发展学生思维能力的任务。Read and Write 板块是综合语言运用的一个载体,教师在教学处理过程中,应基于教材提供文本,并充分挖掘教材的隐含素材,让学生在"读写教学"领域的学习中培养与提升英语学科核心素养。

然而,在日常的教学中,教师们常常发现学生总是对阅读望而生畏。一听阅读二字心中便打起退堂鼓。因此,教师对高段学生做了调查统计,大部分学生反映看到阅读理解洋洋洒洒一篇短文时,感到文章太长,便给自己定位在读不懂这一阶段。归根到底,学生普遍认为阅读理解篇幅偏长,于是缺乏阅读兴趣。那么如何让学生爱上阅读,把阅读变成"悦读"呢?本人以 PEP 7 Unit2 Part B Read and Write 为课例进行了阅读课实践。

Step one:Warming – up

1. Greet with the kids.

2. About me. (谈谈我的上班方式)

Guess how I come to the school. After guessing, I will tell them that usually, I come by bike, but today I come by taxi because my bike didn't work.

设计意图：通过猜测教师的上班方式，激活学生已学的有关交通方式的词组。坏的自行车图片形象地诠释了"didn't work"的意思，为课文的学习减少障碍。

3. About you. （谈谈学生的上学方式）

Use the question "How do you come to school?" to ask some students. Different students come to school in different ways. Therefore, a conclusion can be drawn: different ways to go to school.

 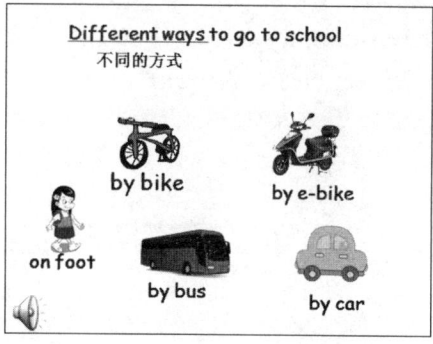

设计意图：谈论学生自己的上学方式，既能激发兴趣，又贴近日常生活。得出的结论为接下来的文本学习做好铺垫。

4. Talk about Robin and present the main context. Lead in the topic: Different ways to go to school.

Every kid needs to go to school. How about Robin? Does Robin go to school? What does Robin want to do? And what's the book about?

设计意图：Robin 是孩子们的朋友，通过询问 Robin 是否需要上学，引出 Robin 给爷爷读的书内容就是刚开始师生在讨论的不同的上学方式。

Step two：Before – reading

1. Read the text fast and answer the question：

—How many ways to go to school are there can you find in the text?

Underline them.

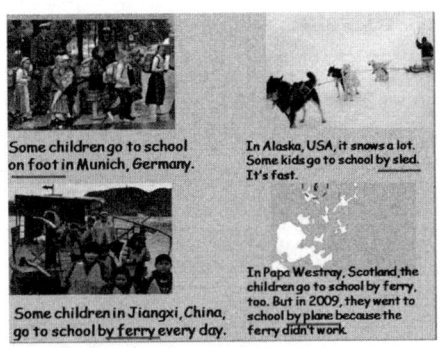

设计意图：在正式进入文本前，通过 skimming 和 scanning 快速找出文中的交通方式，渗透跳读和略读的阅读策略。

2. Read the text again and answer the question：

—How many places are there can you find in the text?

Underline them.

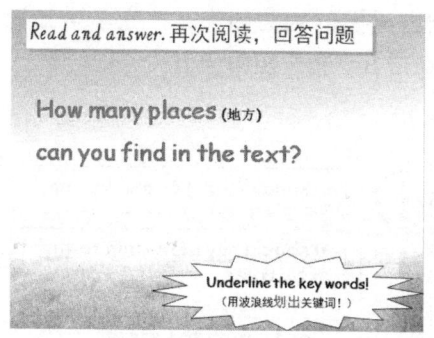

设计意图：再次快速浏览全文，划出文中涉及的4个地点，了解基本信息。

3. Guide the kids to match the places and the ways on the board.

—In…, how do the children go to school?

设计意图：通过将划出的地点与交通方式匹配，使学生进一步了解文章结构及内容。

Step three：While – reading

1. Munich, Germany

（1）Simple introduction of Munich on PPT.

（2）Talk about the picture, the place and the ways.

（3）Listen to the tape and read after it.

（4）Put stress on the sentence structure：

Some children go to school...in...

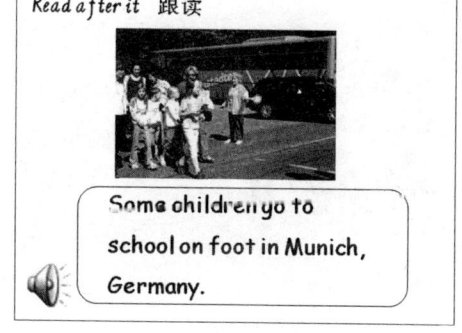

设计意图：用简单易懂的英文介绍慕尼黑的相关知识，扩充学生知识面。让学生根据图片猜测并捕捉课文主要信息，培养读图能力。

(5) Guide kids to give suggestions on it.

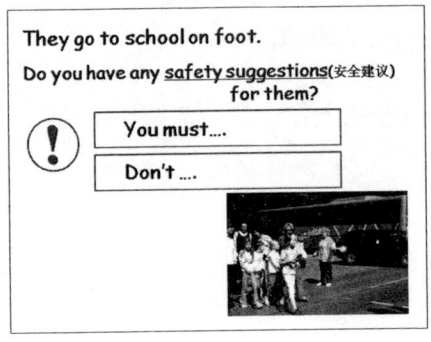
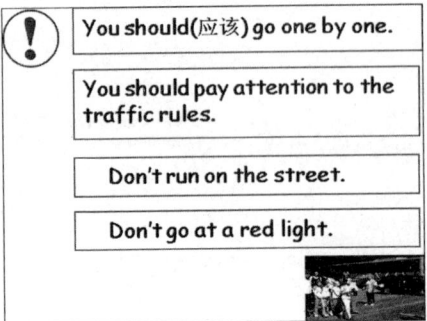

设计意图：步行上学是常见的上学方式，学生可根据自身经历提出建议。教师可帮助学生组织语言或适当提醒，并根据学生提出的建议适当总结，渗透德育教育。

2. Alaska, USA

观察阿拉斯加地区的图片，使学生了解该地区的气候。在这样的气候条件下，询问学生如果你住在这里，你怎么去上学？以此引出雪橇上学的交通方式。之后以中国哈尔滨为例，巩固所学知识。雪橇作为一种较独特的交通方式，学生较难对此提出出行建议，因此教师可通过肢体语言形象地使学生明白所提建议的意思。

3. Jiangxi，China

听录音选择中国江西的孩子的上学方式。用图片区分 ferry, boat 和 ship。跟读录音并给出建议。

设计意图：By ferry 作为新知，学生根据听力内容选出该答案需要掌握一定的发音规律。因此此处根据所听内容选择交通方式是对学生听力及语音的综合训练。

4. Papa Westray

以图片和问题的形式了解帕帕韦斯特岛的基本信息。找出帕帕韦斯特岛的学生的交通方式并提问为什么2009年的时候他们改坐飞机上学。

设计意图：以图片和问题的形式了解帕帕韦斯特岛的基本信息，加深对文本的理解。

Step four：Post – reading

1. Listen to the whole text

2. Read the text fluently.

设计意图："听"是小学英语教学的基本技能之一，听整篇文章有利于学生整体感知文本，更全面地理解文本，也有利于语篇的整体输入。

3. Let's retell.

学生根据黑板上的关键词复述。

设计意图：复述有利于引导学生借助关键信息，记住文本主要意思并尝试表达。

4. Let's write.

学习了世界各地的学生上学的交通方式后，让学生动笔写一写身边的家人、朋友的出行方式。

设计意图：通过书写训练培养学生写的技能。

Step five：Homework.

1. Read the text and try to retell it according to the key words.

2. Surf the Internet to find more ways to go to school and share with others.

设计意图：具有层次性的作业可以兼顾到学生复述、理解、发现等各个方面的发展，学生可根据自己的实际情况完成相应任务。

附：板书设计

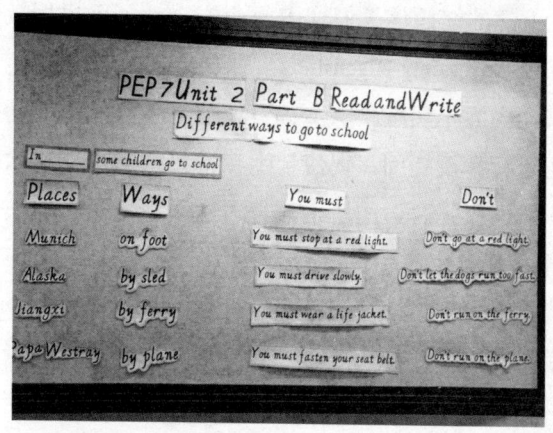

通过 PEP 7 Unit2 Part B Read and Write 一课的实践，教师们一致认为想要学生爱上阅读，把枯燥的阅读变为"悦读"可以采取以下四种策略：

一、巧分版块，变长为短

阅读理解篇幅长，学生不易静下心来耐心地去读、去理解。把一篇长阅读变短的有效途径之一就是将其根据内容分版块。

以 PEP 7 Unit2 Part B Read and Write 为例，本篇阅读主要内容为四个地方的学生不同的上学方式。因此，将其根据地点分为4个部分，通过介绍每个部分的地方、学生上学方式及出行建议，使学生简单有效地掌握每个部分的重点。每个部分不多的文字加上图片，学生的畏难情绪自然消退。

二、层层递进，引发思考

在读写教学环节中，所谓的层次与梯度就是指教师在设计练习内容时做到由易而难，由简到繁，层层递进，步步深入，把学生的思维或语言技能一步一个台阶地引向新天地。在设计和指导教学活动时，教师如果能树立教学活动的梯度意识，可以使活动环节循序渐进、自然流畅、环环相扣，培养学生思维品质。

在本课时的教学中，教师首先提出问题：How do children in Jiangxi go to school? 让学生根据图片进行猜测，培养学生的读图能力。对出行方式的提问与回答是本单元的重点内容，在前面4课时中学生已有良好的知识基础。在理解图文意思后，教师可进一步根据图片进行提问，如：What are the kids wearing? 坐渡轮上学的江西孩子们穿着救生衣，教师再根据救生衣再进一步提问：Do you have any safety suggestions? 如此层层递进，即使学生的学习变得简单有趣，又使内容不局限于课文，引导学生深入思考。

教师对学生进行深度提问，促使学生在情景中从不同层次、不同角度去探寻和思考，激发学生综合运用所学语言表达所思所想，促使学生内化所学语言，培养语言运用能力。

三、利用表格，简单复述

教师可以利用表格引导学生进行复述、转述、造句或对话等活动，使学生获得充分的听说训练，提高其口语表达能力，为其在真实的语言情景中进行交流打下坚实的基础。设计阅读表格是从文章的整体结构入手，将纲领性问题和细节性问题相结合的有效途径。它有利于学生整体把握文章，形成主干信息与分列信息相关联的意识，不仅能提高学生的阅读效率，还有助于培养学生的阅读技能。

正如教师为此课设计的板书，将信息表格化，不仅提高了学生的阅读效率，而且有助于培养学生的阅读技能。学生运用略读、跳读的阅读策略快速找出了四个地点及四种交通方式，教师将这些信息呈现于黑板，让学生进行配对，看似简单的步骤却能使学生对内容有更进一步的理解与把握。最后教师引导学生利用该表格进行复述，真正使学生内化所学知识，增强其概括和总结的能力。

四、渗透文化，拓宽视野

英语教学是语言教学，语言是文化的重要载体，因此我们的教学也离不开文化教育。语言有丰富的文化内涵。在外语教学中，文化是指所学语言国家的历史地理、风土人情、传统习俗、生活方式、行为规范、文学艺术、价值观念等。在学习英语的过程中，接触和了解英语国家文化有益于对英语的理解和使用，有益于加深对中华民族优秀传统文化的认识与热爱，有益于接受全人类先进文化的熏陶，有益于培养世界意识。在教学中涉及的英语国家文化知识应与学生的学习和生活密切相关，并能激发学生学习英语的兴趣。在英语学习的较高阶段，要通过扩大学生接触异国文化的范围，帮助学生拓宽视野，使他们提高对中外文化异同的敏感性和鉴别能力，进而提高跨文化交际能力。

例如在本课时的教学中，教师在课堂上呈现慕尼黑、阿拉斯加、江西、帕帕韦斯特岛学生的不同的上学方式，这个过程就是对学生进行了文化教育。在日常生活中，学生上学不外乎坐公交、骑自行车、坐小轿车等常见的交通方式，而文中出现的这四种上学方式是闻所未闻的。上学这个与生活如此息息相关的事情，在世界各地却有着截然不同的交通方式。因此当教师为这些上学方式配上图文讲解的时候，学生必定是兴趣盎然的，此时的阅读必定是愉悦的。

在这个过程中，学生接触和了解外国文化有益于对英语的理解和使用，教师对文化意识的渗透有益于培养学生的国际意识，拓展学生的视野，更激发了学生的阅读兴趣。

总之，教师需深入研讨和思考，以有效的教学活动引导学生学会阅读，享受阅读，并在阅读中掌握并运用所学的语言知识。真正有效的阅读，必定是在"悦"读的基础上，提高和发展学生的综合语言运用能力的。

巧用即时评价　点亮英语课堂

——即时评价在小学英语课堂中的有效运用

汪文洋

一、即时评价的定义

英语教学是语言活动的教学，是师生间进行平等对话的过程。在课堂上，师生间、学生间可以进行动态的对话，教师和学生就是通过对话和交流来实现课堂中师生间互动的。在教学中，师生可以利用自己和学生的平等对话进行引导评价。教师课堂评价的语言往往是对学生课堂学习活动做出的立即反应，从而帮助他们调整、控制后续学习的行为，这就是教师的课堂即时评价。

二、存在的问题

（一）现象1：评价语言单一、机械化

在小学英语教学活动中，许多教师的口头评价方式直接而单一：如表扬学生的时候多使用"Good." "Very good." "Great." 语言缺乏变化，且针对性不强，长此以往，学生会逐渐体会不到成功的喜悦，找不到努力的方向；同时，对待学生在语言表述上发生的错误时，教师的处理方式直截了当，如"No, you are wrong." 或强行纠正"You should use..."，还让学生一遍又一遍地跟读老师认为正确的表达。甚至有时候，教师在情节不需要的情况下，直接忽略学生发生的错误。

（二）现象2：泛滥的表扬和奖励

课程标准注重让学生在学习过程中体验成功，建立自信，强调教师要欣赏学生,正确鼓励学生,但并不意味着教师要盲目地对学生进行表扬和奖励。例如:学生每说一句话,回答一个问题,授课教师就进行表扬、加分和鼓励,学生每听一个单词,教师就对其说:"very good",做对一个动作就:"excellent",学生每说一段话教师就奖励其一张贴纸或一颗糖。应该有前提地对学生进行表扬和鼓励,比如:在小学英语课堂上,教师设计了各小组之间的竞赛活动:每答对一题给该组增加一颗星,答错则不增加。同学们在活动中非常活跃,争先恐后地发言。教师根据同学们回答问题的正误,给每小组的表格中贴上一颗星。当某生答错时,按照比赛规则,该组不能加。

(三)现象3:只注重横向比较

在小学英语课堂上,教师会请一些学习较好的学生和一些学习较差的学生对比回答问题。例如在朗读课文时,当A生(朗读能力不是太好的学生)读完后,教师说"他读得不是很好,我们来听听小评委们的评价,看看你们帮他找到了哪些错误的地方。"当其他的学生们纷纷指出A生的错误后,再请B生(朗读能力很好的学生)来朗读,读完之后,教师满脸欣慰"你读得真棒!"

(四)现象4:只注重"对"与"错"

在学生用英语进行交际活动过程中,教师一般不会打断学生的展示,而是作为旁观者,记录下学生的表现,待他们进行完毕后教师往往一边看着手里记录的纸,一边草草表扬一下大家做得都不错,下一步就直接进入正题开始纠错和评价了:"student a, you made a mistake, when you said …"学生们则心情紧张,等待着教师对自己的评价,对犯错的恐惧增强,学习英语的自信心和积极性受到影响。

三、课堂即时评价的几种有效形式

(一)口头评价

1. 捕捉时机,及时反馈

在合适的时间点做正确的、及时的评价更能激发学生的兴趣,也能拉近师生之间的距离,如在教"PEP5 Unit4 What can you do?"时,教师问:"What can you do?"学生回答:"I can sing."老师不经意的一句:"Me, too."学生听了会感觉很自信,不经意间也拉近了师生之间的距离,产生亲切感，使学生放松了心情，为下一步的英语教学创设了轻松和谐的学习氛围。又比如在上 PEP3 Unit3 时，问学生 when is your birthday 时，学生回答 My birthday is in March. Today is my birthday. 如果教师只是简单跳过，那么虽然也完成了课堂教学目标，但是我们可以及时进行课堂反馈评价，鼓励其他学生为这位学生唱生日快乐歌，既教授了新知识，巩固了所学的单词，也渗透了情感教育。现在的孩子大多都是独生子女，不会关心别人，只会索取，经过这样一个课堂小反馈，让学生们懂得怎样去关心别人。

2. 及时鼓励，及时表扬

即时的课堂评价可以使评价效果最大化，以丰富的评价方式激起学生的学习兴趣，激发其主动参与的欲望。比如在上 PEP6 unit 2 "What's your favourite season？"时，教师问学生："What's your favourite season？"学生如果回答 fall，而老师如果只是简单地说句 good 或者让学生坐下，那么将没有什么意义，如果老师说一句，"oh, fall is beautiful"，那么既可以拉近师生距离，带领学生欣赏绚烂的四季，感受课文的美，又可以让学生感受到教师对他的肯定。也可以下课后跟同学们交流自己最爱的季节，结合生活实际，让学生说出对季节的真实感受，以引起学生学习的兴趣。还可以培养学生细心观察、热爱大自然的情感。

3. 富于变化，耳目常新

教师课堂评价语言不能单一，不能老套。左一个"Good"右一个"Good"或都对同学们说"Clap your hands！"于是大家一起拍着双手，异口同声地说"Good, Good, very good！"开始学生们还感到新鲜，时间一长，这样的评价就像白开水一样没滋味，成了一种形式。反之，评价语言灵活多样，随机应变，注重创新，学生就会想听，爱听，百听不厌。面对一个个不同特点的学生，我们应该给予不同的评价，有些是肯定，有些是鼓励。

（二）个人期末累积

一般来说，我们只要注意课堂上多给予学生表现的机会，并给予学生恰当的鼓励和表扬，如在学生读对单词时，我们给予"good, great, very good, excellent, super..."等评语，学生会非常高兴。如果再给予学生一些小贴纸，并告诉他们到学期末谁的贴纸最多，谁就是我们班的 English Star（英语之星）。这样一来，学生对教师奖励的贴纸就会很在乎，而且会尽量做好，因为他们有目标了——想尽量能够多拿教师所奖的贴纸，借此机会，学生课堂的训练机会增多，听说能力也不断得到提高了。比如，可以在教室里张贴"比一比"（如下图示）的海报，通过平时课堂的累积，进行期末总评价。经过一学期课堂累积，给予学生不仅是物质奖励，比如文具套装、各种本子等，还可以增强这位学生学习英语的自信心，其他同学也很羡慕这位同学的奖励物品，从而带动了全班学习英语的兴趣。

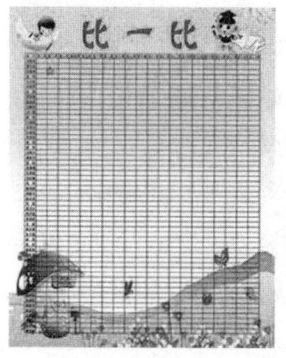

（三）小组竞赛，增加团队协作能力

从平时的教学工作中，本人发现除了课堂上个人的即时评价，还可以进行整合评价，并进行小组比赛，在这些比赛中本人发现课堂小组竞赛机制有以下几个最佳时机：

1. 上课开始两分钟

上课铃声后，学生们从喧闹的操场上回到教室，情绪还处于激动状态，很难快速平静下来。此时，教师可根据学生课前的准备情况、预习情况、是否集中注意力准备上课等情况，给表现好的小组加分（特别适用于低年级和中年级的学生），这是一种学习状态的评价。当然，此时进行小组评价时，教师要尽量让各组都得分，对表现好与表现差的小组要给予一定的区别，但差距不宜过大，以此引发学生的学习积极性，给整节课一个良好的开端。

2. 课堂活动的交替

小学英语课主要以活动为主，突出"课堂活动化，活动交际化"这一宗旨，活动与活动之间的转换容易引起学生注意力的分散，此时加入小组评价起到了调节的作用，效果显著。例如：教师发出口令，Let's play a game. 可立马根据各组的反应情况、作答情况,给予反应敏捷、表现好的小组高分,以此引起学生们的注意,便于快速进入下一个活动环节。这是一种反应能力的评价。当然,为了不挫伤反应稍慢、表现较差的那部分学生的积极性,教师可在此时的转换环节中采取一些策略,适当调整分值,给暂时处于劣势的小组一定的勉励分,激励他们的学习兴趣,鼓励后来者居上。

3. 课堂活动进行中

小组竞赛是课堂活动进行中教师常用的一种教学方式,小组是课堂上的一个小集体,主要应该注重小组的合作表现,而不是以突出个人的表现情况作为评价依据。例如:某个组员回答不够准确或是不够流利的时候,可以请组内其他成员及时给予补充和纠正(这也是大家共同学习和进步的一个好时机)。同时,对于回答有误的学生也要适时给予表扬和鼓励,如表扬其敢于尝试的勇气,激励暂时落后的小组在下个环节中继续努力,这是一种交流能力的评价。在竞赛中制定合理的竞赛规则是竞赛得以顺利进行的重要保障,竞赛规则应能调动每个学生的积极性与参与性,尽量避免个别学生的失误表现而大幅度影响小组的整体成绩,当然,团结协作的小组应是得分最高的小组。同时,竞赛时需提醒小组成员之间应互帮互助,千万不可一味埋怨,否则就会影响集体的成绩。当然,培养学生的团结协作精神就尤为重要了。

以下为本人平时上课所采用的小组竞赛机制(图1,图2),也可以进行每次课后汇总,最后变成期末小组总结,看哪个小组是最团结,最棒的(图3)

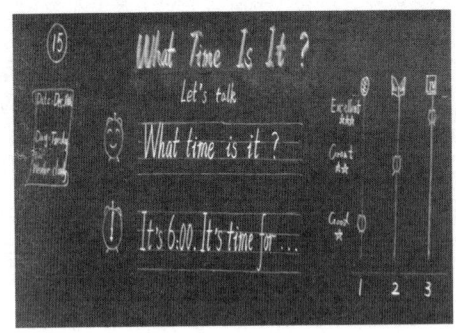

图1

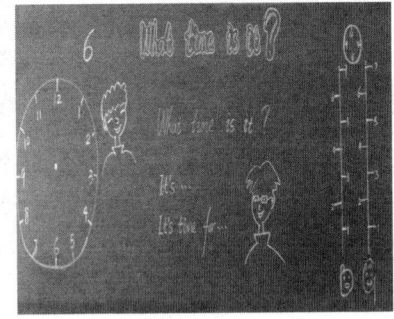

图2

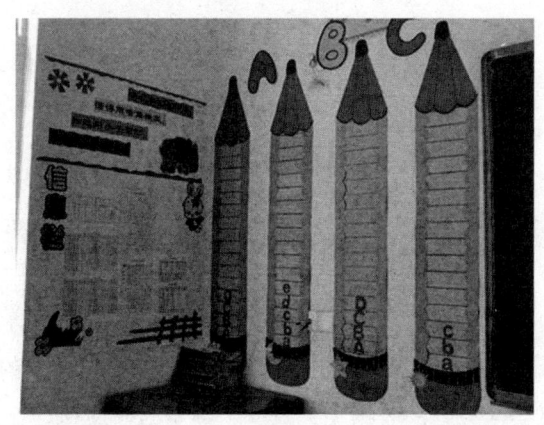

图3

(四)善用网络资源

最后也可以利用网络资源,在网络上买一些英语奖励刻章(图1)或者英语表扬信(图2),学生学习的兴趣会越来越浓厚,更积极向上。比如英语奖励刻章用于学生课堂表现,对于表现好的同学,我们可以奖励 perfect 章,一个 perfect 章等于 5 个笑脸,都可以用于学生期末累积奖励。而表扬信可以用于单元考试后,奖励给满分或者有进步的同学,当学生受到表扬信时,班级同学掌声一片,这是他们发自内心的赞同,肯定,羡慕。当家长看到自己的孩子收到这样的表扬信,也会肯定孩子的表现,并且配合学校监督好孩子的学习。

四、课堂即时评价容易忽略的几点

（一）切记评价语言的随意性，忽视了激励性和真实性

教师对学生日常的表现，应以鼓励、表扬等积极的评价为主，采用激励性的评语，尽量从正面引导，部分教师课堂教学应变能力较差，灵活性不够，当学生的答案与自己预设的不同时，就随意地否定学生，缺乏激励性。也有部分教师两眼只注意学生的缺点，问题不放，而忽视了学生身上的闪光点。但是也有部分激励性的语言缺乏一定的真实性，只有真的才是美的，否则虚假的评价只会使教师的表扬失去意义，甚至事与愿违。

（二）切记教师唱独角戏，忽视学生的主体性

"学生是学习和发展的主体"，自然也是评价的主体。作为语言学科的小学英语教学，当然应是一种多向互动的师生交往过程，然而，部分教师崇尚"一切以教师说了算"，这无疑影响了学生学习的积极性，妨碍了他们评价能力的发展。

（三）切记只重"对"与"错"，忽视学生的情感体验

在英语教学评价中，要突出课程评价的整体性和综合性，就需要从知识与能力、情感态度与价值观几个方面进行评价。评价的目的不应仅仅是给学生一个明确的答案，不是只指出"对"与"错"，而是要激起学生创新与思维的火花。

（四）切记只注重横向比较，忽视多元比较

在课堂评价中，教师往往以班里学生的回答作为评价参照，比如"谁能比他说得更好？"在评价中，教师本来是鼓励学生要有战胜别人的自信心，但事实上却起了相反的作用，打击了学生的自信心。有时会出现这样的现象，以后他们非但不敢挑战别人，也不敢挑战自己了。

五、总结

课堂评价既是一种评价手段，也是一种学习方式。课堂评价的实施，使学生的兴趣更高、主动性更强、学习动机更明确，学习也变得更轻松，对教师也有所帮助。身为英语教师，要适当地运用课堂评价，使评价发挥最大的效果，才能激发学生学习英语的积极性，从而提高小学英语的教学质量。

"手"握测量起点,通向探究彼岸

——例谈《用手来测量》中科学探究的有效开展

林晓峰

科学探究不是学习科学简单的一个流程、一个套路,而是要学生会个融入观点、智慧、思考的丰富的科学实践过程,是学生探索科学问题、求答案的一个复杂的心路历程。而在我们一线教学过程中,会碰到很多的问题,一年级的孩子还没养成良好的课堂习惯,学习能力弱;感知觉发展不充分,实验能力弱;自制力差,注意力保持时间短等。这就要求我们科学教师对学生有更深入的了解。

新课标小学科学的课程理念表明:小学课程要面向全体学生,适合学生个性发展的需要;学生是学习与发展的主体,在小学科学教学中,教师要突出学生的主体地位,基于学生的认知水平,联系学生已有的知识和经验。那么本文就以教科版一年级上册第二单元第三课《用手来测量》为例,谈谈如何以生为本,推动一年级科学探究的有效开展。

一、抓住学生起点,有效指导探究

根据小学生的知识结构、年龄特点、认知规律以及学习进阶理论,新课程标准把小学六个年级划分成:低(1—2年级)、中(3—4年级)、高(5—6年级)三个学段,特别是课程标准对不同学段的学生分别设计了不同层级的学段目标。在科学探究低学段目标八大要素中,都是以"在教师指导下……"的形式出现,而在中学段目标中,都是以"在教师引导下……"的形式出现。

指导和引导,是两个被大家用得熟透了词,熟得连我们都不想再去思考它们的区别。其实，这两词在具体做法上是有明显区别的。引导，往往没有具体说要怎样，应该怎样，更没有示范，引导只是暗示、提醒、启发，让学生自己去感悟应该怎样做。指导，具有明确的指向性，应该往哪个方向，应该怎么操作，都一一给你指明，甚至给予现场示范。

片段一："拃（zhǎ）"的认识。

这个字谁认识？

（设计意图：先从认"字"开始）

师：你先来试试。

生：zhǎ。

师：你读的真标准，谁也能像他这样标准地读一读？

师：谁和谁之间的距离是一拃？

（设计意图，问题指向明确，指明思考方向）

生：大拇指、中指。

师：（指着图片引导）你是说大拇指和中指的距离是——一拃。

表扬，真棒，很科学地说出了一拃的长度。

谁还能像他这样科学地说说看？

一起说——大拇指到中指的距离是一拃。

（设计意图：从个别指导到集体落实）

师：哪位小朋友愿意把自己的一拃拿上来给大家看看？

你坐得最端正，你上来，你们觉得他做得对吗？

如果回答正确就给他掌声，小苹果给你；不对的话，请另一位同学给他纠正：他说你大拇指和中指没张开，张给他看看好不好，现在对了吗？掌声送给两个爱思考的小朋友。

师：谁还愿意上来试一试？

他做得对吗？掌声也送给他。

你们也都会了吗？能举起手给大家都看看吗？

（设计意图：生生互动，如何操作——指明）

由于一年级学生知识起点较低，对探究没有深入的认识，教师如果不能给予学生充分而明确指导，不把教学目标落实在具体的教学环节中，没有明晰的环节目标支撑，整节课的教学就会泛泛而过，蜻蜓点水。导致学生的新认识增加不多，技能没有得到足够训练，思维在原有水平上重复。在活动结束后就很难有好的效果呈现。

二、丰富学生经验，合理预测结果

在《用手来测量》一课中，很多老师认为"预测桌子高度"这一教学环节在本堂课中是否有呈现的必要。在教学过程中，我们发现，对于一年级学生而言，由于是第一次预测，结果时常会出现"几十拃""几百拃"的预测结果，与实际偏差非常远。那么，此处的预测真的没有必要吗？

新课标在低学段科学探究目标中明确指出：在教师指导下，能依据已有的经验，对问题做出简单猜想。教科版一年级上册教学参考书中也指明：本课将第一次向学生提出预测的要求，让学生在测量前对桌子的高度进行预测。教师要向学生说明，预测不是"猜"，预测是综合以往经验以及当下的观察而做出的判断。

究其根本，学生并不是不具备预测的能力，而是对新学的"一拃"缺乏一定的生活经验，因此，我认为教师在预测前就很有必要让学生对"一拃"的长度有一个充分的感知，只有当学生有了充分的感知和体验才会有科学的预测。故，我在让学生预测前增设了一个用手测量桌子宽度的环节。

片段二：预测桌子的高度。

师：哪位小朋友愿意把自己的一拃拿上来给大家看看？

请一位小朋友上台比画。

师：你们觉得他做得对吗？

不对的话，请另一位同学给他纠正：他说你大拇指和中指没张开。

师：张给他看看好不好，现在对了吗？

掌声送给两个爱思考的小朋友。

师：谁还愿意上来试一试？

他做得对吗？掌声也送给他。

你们也都会了吗？能举起手让大家都看看吗？

（设计意图：先让每位学生对自己的一拃有一个简单的认识）

师：那你能用"一拃"来测量一下桌子的宽度吗？

生：可以。

师：那就试一试吧。

学生活动……

（设计意图：在实践中丰富一拃的经验）

师：看样子，测量桌子的宽度是难不倒大家了，要不咱们来挑战一个高难度，对自己有信心吗？

师：根据刚刚测量的经验，用眼睛看一看，然后猜一猜桌子高度有几拃？

生1：5拃。

师：哦，有不同意见的吗？

生2：6拃。

测量时学生可能无法准确测量出桌子的宽度，但是，在动手活动的过程中，学生对"一拃"的长度都有了一个比较深刻而又理性的认识，为学生下一步的预测奠定了基础。此时，学生的预测自然是非常有效的。

三、立足学生基础，减少思维跨度

新课标中在"课程设计思路"中指出："小学科学课程的设计遵循国家的教育方针，充分考虑小学生的年龄特点与认知规律，反映国际科学教育的最新成果，兼顾我国小学科学教育的实际情况。"小学生的思维正处在具体形象思维阶段，并随着年龄的增长由具体形象思维逐渐向抽象逻辑思维过渡。这就提醒我们在一年级教学中，要从学生已有的思维出发，带领学生去思考。

在上面《用手来测量》时，纸带的引出是一个重要的环节。很多老师希望通过制造困难，让学生想到纸带，往往容易造成冷场，因为一年级小朋友并没有"替代"的思维方式；本人在教学时，也尝试着直接出示纸带，可能纸带的使用方式可以掌握，但是课后问学生时几乎没有学生理解为什么此处要用纸带。

直接去理解用纸带长度"替代"桌子高度，对于一年级学生来说是有一个很大的思维跨度的，但是，学生在生活中却有用纸带测量身高的，并以此"替代"身高比较高矮的经验。基于这一特点，教师在课前设计了一个用纸带比较身高的活动。

片段三：利用纸带比较身高——首次利用纸带替代。

师：上课前，我们来做一个小游戏，老师想请两位坐得最端正的同学上台。

问：大家觉得他们俩谁高？

追问：高多少？

生：半个头、用手比画的。

师：刚刚大家说的都是用眼睛看出来了一个大概的值，有没有同学能给老师一个更准确、更科学的一个长度？

生：我们可以给他们俩量一下身高。

师：要不咱现在就给他们量一下？

请两位同学到上课前老师已经贴好纸带的墙壁上量身高。

师：现在你能准确说说男生比女生高多少吗？（请学生上来在纸带上指一指）

师：你能把他给剪下来吗？

师：所以大家觉得现在这条纸带的长度就是？

生：男生比女生高的高度。

片段四：如何有效测量桌子高度——顺利引出纸带替代。

师：可以和大家说说你用手测量桌面高度的结果吗？

生1：我测出的是5拃。

生2：我测出的是4拃。

师：他说5拃，你说4拃，你能拿出证据来吗？谁能把证据拿上来给大家看一下。

生：把桌子搬上来。

师：桌子这么重，我搬不动。

生：可以用纸带。

师：有谁听清楚了他的发言？

生：他说可以用纸带测量桌子的高度。

从学生的已有的基础出发，让学生体验非常熟悉的量身高的过程中，感受到用纸带可以很好地解决测量困难时遇到的麻烦。有了这么一个活动和体验以后，在后续碰到测量困难、需要留下测量证据时，学生就会很自然地联想到纸带。

四、熟悉学生心理，调控课堂纪律

一年级学生经验性强，概括性弱，集中注意时间短，容易接受直观形象的事物。学生处在以自我为中心的心理阶段，不会合作，需要创设合作性的任务来培养学生的合作能力。学生有自己的潜概念，经常词不达意，找不到准确的词语来描述。还有，一年级学生情绪控制弱。正是由于一年级学生的这些心理特点，给一年级科学教学带来了巨大的挑战，很容易出现课堂失控的情况。因此，课堂纪律把控的好坏可能直接影响到整节课的成功与否。

那么如何有效地调控课堂纪律呢？经过三个月的探索，教师提出了一下几个建议：

（一）分段组织教学

小学一年级学生刚刚入学接受学校的科学教育，在科学知识的学习、科学方法的掌握、认知能力的培养等方面都需要教师的帮助，加之一年级小朋友集中注意的时间非常短，一般不超过 10 到 15 分钟。因此，往往到了学习知识的关键时期，学生情绪开始出现波动，课堂开始失控，学习效率也明显下降。

为了更好地让学生进行有效学习，笔者在设计时将课堂分成了三个片段进行教学：第一段，引入拃的认识；第二段，学习利用一拃测量；第三段，分析、讨论测量结果。而在各个片段中间，也就是孩子学习的疲倦期，本人设计了两个活动：用拃来测量桌面的宽度；利用纸带测量桌子的高度。与此同时，用一些有趣的教学方式，比如：看图说话、观看微视频等。通过时间上合理的安排，让原本"漫长的40分钟"成了有趣的三个10分钟，更好地集中了学生的注意力，增加了课堂的有效性。紧凑有效的课堂，让学生失去了"分散注意力"的机会。

（二）给予适度表扬

省教研员俞伯军老师曾说过：用好表扬的方式，很重要也很必要。当然，表扬怎么做也有讲究，有些老师经常这样表扬：你真聪明！棒棒棒，你真棒！像这样的表扬形式并不好，因为比较空、比较虚，缺少引导性。表扬要指向具体的行为和习惯，让学生感觉到哪些具体的行为和习惯是好的，是

可以模仿的,这样表扬就具有了引导性。因此,教师在上课时,有必要准备一些表扬的语句。比如:

在学生在纸带上剪下身高差时,我会说:小朋友们真有办法,利用这张纸带我们可以很清晰地看到两位同学的身高差。

在学生说出自己平时用手测量的经验时,我会说:表扬你,不但坐得很端正,而且回答得也很好,你的生活经验也很丰富。

在学生准确说出一拃的长度时,我会说:真棒,很科学地说出了一拃的长度等。

当然表扬要适度,过分廉价的表扬不但不能激起学生的学习积极性,反而会让学生产生厌恶心理。

(三) 培养课堂习惯

英国哲学家洛克说过,儿童不是用规则可以教得好的,规则总是会被他们忘掉的……习惯一旦培养成功,便用不着借助记忆,而是很容易地自然地就能发生作用了。当然,我们要让孩子们记住的不是这些规则,而是让他们长期在规则的影响下形成一种习惯,这些习惯正是"科学素养",这才是我们倡导的真正的"核心素养"。

比如,活动的小约定:当音乐声响起时,请大家迅速整理好材料,放在桌子的一旁。当然,习惯的培养不是一蹴而就的,需要我们老师长时间的坚持和努力,只有有了前期的努力,才会有后期良好的课堂氛围。

(四) 巧用管理技巧

在课堂管理方面,低年级的语数老师的经验比科学老师丰富得多,因此,科学老师可以经常听低年级语文、数学课,了解低年级学生的学习特点。比如课前本人了解到,班主任有一个小口号——1、2、3,静下来,做端正,有精神……

因此,在课堂纪律出现问题前,本人可以用小口令整理课堂纪律。

当然,放慢语速也是调控课堂的好办法,由于一年级小朋友之间的交流往往是缓慢的,为了能与他们更好地交流,作为老师,我觉得我们也有必要放慢自己的语速,来适应小朋友的交流习惯。

总之,整节课从一年级小朋友的已有知识、认知能力、思维方式以及心理特征出发,结合新课程标准的要求,以"测量桌子的高度"为主要任务,通过利用纸带比较身高、认识"一拃"、用"拃"来测量桌子的宽度等活动作为铺垫，驱动学生有效展开科学探究。从学生中来，到学生中去，以生为本，最终让学生在获取知识的同时，寻找学习科学的快乐，为学生以后接受高年级的科学教育和终身发展打好基础，努力培养他们成长为具有创新思维、创新能力的高水平科技人才。

新课标下的国粹中医启蒙教育

——浅谈中医药知识在小学科学教学中的渗透

葛纯总

中医药学是我国原创的医学科学,中医药文化是优秀的传统文化。中医药文化的传承和发展离不开基础教育的支撑,因此如何将文化融入现代化教育,是目前我国学者非常重视的研究内容。随着今年秋季浙江省在小学五年级开设中医课程《中医药与健康》,并建议由科学教师担任,中医药知识已经正式进入浙江省学生的课堂。然而《中医药与健康》课程仍处于探索和完善阶段,其起步较晚,没有基础教育支撑,知识体系也不完善,因此即使直接面向五年级学生,课程也有一定难度。如何将中医药知识与小学科学现有的知识体系有机结合起来,促进中医药学基础教育的奠基和科学教育的拓展与深化,实现中医药学和科学双赢是每个科学教师必须要思考的问题。

一、中医药知识进入小学科学教学的意义

(一) 中医药知识进入小学课堂具有必要性

有关"中医"和"西医"的争论由来已久,贬低中医甚至说中医没有科学依据、毫无价值的声音曾甚嚣尘上,但是近年来,中医在国家大力倡导和支持下,已经走进人们的日常生活,在一些发达地区,中医院、中医诊所越来越多。中医为当地人治好了很多病症,其中不乏西医束手无策的疑难杂症,因此中医越来越受到欢迎。与此同时,中医教育在我国迅速发展,不少学校开设中医药拓展性课程,学生报考中医学院人数也逐年增多。尽管中医还存在不少弱点,但中医正在变得越来越科学,越来越完善,越来越有活力，因此中医的价值是毋庸置疑的。在中小学开展中医药教育，是在为中医学添薪加火，我们应该大力鼓励和支持。浙江省领风气之先，将中医课纳入小学五年级课程，彰显了对中医学的重视，体现了文化自信，体现了教育的责任感，有利于中医的保护与传承，有利于中医的长远发展。对于小学生而言，学中医不仅是文化传承，还能够从中医的角度认识身体、认识疾病，完成医学启蒙，有利于提升自身的综合素质。

（二）中医药知识进入小学课堂具有可行性

浙江省今年秋季中医进入小学课堂，有人提出异议，此举是否可行，这主要是源于人们对中医长期的的错误认知，他们觉得中医晦涩难懂，小学生理解能力差，没有学习的必要。然而随着科学技术的发展，学生获得信息的途径呈多样化，迅速化发展，实际情况是五年级学生已经在药店接触过中成药，对针灸、拔罐、推拿等中医药学也有一定的接触和理解。可以说，学生并不排斥中医甚至对中医药学充满兴趣，向往传统中医药文化，这就需要教师来传道、授业、解惑。教师在教学中如果能以文字与图形相结合的形式将教材剖析，利用小学生熟悉的人物、现象、事实、身体反应等，深入浅出地传播中医药知识和科学知识，就能在不知不觉中拓展小学生的视野，启发他们的思考。就拿《中医药与健康》来说，它是全国首套小学中医药教材，分为上、下两册，内容包括中医药起源、中医药基础知识、中医对起居、饮食、运动等方面的解读，还有推拿、针灸等特色疗法。教材按36学时设计教学内容，每课时安排一个故事，通过"一人一事""一物一叙""一课一体验"等方式，传递中医药知识，展示中医药文化内涵。因而，中医药知识进入小学课堂具有可行性。

（三）将中医药知识渗透到小学科学教学的重要性

将中医药知识教学渗透到小学科学教学中具有重要的意义。中医药与健康是对科学课内容空白点的填充和拓展，与科学教学息息相关。在小学科学教学中，观察和实验是学习科学的重要方法，将小学科学教学中身边的"植物"和"中草药"相联系，将科学实验中"微观物质变化"和"中医药的煎服和提纯"相联系，将"经络""阴阳""五行"与"人体的组织、器官、系统"相联系，将"天人合一"与"温度变化，季节交替"相联系。这些举措将不仅激发学生学习科学兴趣，巩固科学知识，强化科学技能，而且还能让学生利用所学的中医药知识预防常见疾病，培养良好生活习惯，加强自身体质，做自己健康的第一责任人。科学和医学在某些方面是相通的，学生可以用学到的科学知识合理地解释中医的医学观点，通过中医药学也能很好的解释一些科学现象，起到了相互印证、学以致用的效果。因此，将中医药知识渗透到小学科学教学中，是促进小学科学知识教学的有效途径之一。

二、小学科学教学中渗透中医药知识的有效途径

（一）在课堂教学中渗透

观察和实验是学习科学的重要方法，尽管小学生的科学认知处于一个初级阶段，对于观察和实验还不能很好地掌握，但这些课内外活动对于小学生的科学技能的培养和能力的提升有着重要的作用，因此，教师可以按照教学计划，合理规划科学的观察方法和实验活动。

在小学科学教学课堂中，经统计植物教学有6个单元，占科学教学内容的比重较大。因此，教师可以抓住植物的教学内容，如三年级"植物的生长变化"、五年级"植物与环境"，有意将校园常见的花草提炼出来，以中草药作为观察对象，并在学生感知各类"花""草"等植物特点的同时，为学生讲解所见的"花""草"等是哪类中草药，哪一部位可以入药，生长环境是怎样的。又比如教师在设计"岩石与矿物"一课时在观察岩石特点，识别矿物的同时可以涉及一些特殊的岩石如"硫磺""赤石脂"，它们也是常见中药材。

在今年新增的一年级科学课《我们知道的植物》中"种一棵植物"实验的地点则可以直接将课堂搬进自然，带领学生一起种一种洋葱、大蒜、萝卜，使授课形式更有亲切感，不仅给学生充分的时间观察和讨论植物的特点，还可以介绍此种中草药的种植环境、种植方法、药用功效等。这样的教学形式不仅能够极大地激发学生的学习兴趣，而且开阔了学生的眼界，让学生体验到学习科学的乐趣，更加深刻地认识了中草药，传承了中医药思想文化。

（二）在科学实践活动中渗透

科学实践活动对科学的学习是非常重要的，在科学实践活动中渗透中医药文化，让中医药知识贯穿其中，通过活动的互动，加深对中医的理解是可

81

行的。比如说，可以举办一场"中医药学与科学走进社区"的实践活动。科学教师可以将社区作为科学教学课堂，让学生在社区广场以中医药与健康为内容，引导学生和老中医现场对病人进行"望闻问切"义诊。在这个实践活动中，不仅可以让社区民众欣赏当代小学生的精神风貌，而且能让学生通过与老中医的交流和沟通，创新科学思维，激发灵感。实践活动结束后学生将自己所熟知的中医药知识向民众普及，让人们认识和了解更多的保健知识。通过这样的活动，不仅丰富了居民的日常生活，还提升了小学生与人互动交流的能力，更重要的是通过深入的宣传让科学知识和中医药知识得到了传承和发展。

（三）在网络学习中渗透

随着网络技术的发展，网络学习成为获取现代知识重要途径之一，其获取途径包括手机、电视、电脑等。相比传统的学习方式，网络学习具有针对性强、获取速度快、可随时随地查阅等优点。小学科学作为一门与时俱进的学科，应与现代化设备和信息技术结合起来，跟上时代的步伐，吸收中医药知识，争取在知识体系上，在文化传承和拓展上取得更大的进步。比如说，当代小学生可以在网络上和中医探讨"阴阳五行"学说和"天人感应"学说，从而了解中医的思想文化，拓展学生的知识面。又比如说，学校可以开设网络课程《中医学中的科学》，促进科学和医学知识的传播。在网络医学课程中学习科学知识，是小学科学教学中渗透中医药知识的又一条重要且有效的途径。通过对中医药学的网络学习和探讨，让学生感受科学的博大精深的同时，更进一步激发学生的学习主动性。教师可以在科学课堂上展示细胞、组织、器官、系统等复杂的人体结构，也可以播放医学纪录片视频，让学生通过先进的设备学习人体科学，以生动形象的医学第一课激发他们对人体奥秘的兴趣。这比书本更加形象生动，也更容易被学生接受。教师和学生还可以用微信、qq等社交软件和中医探讨各类中草药的辨别方法、药用价值、使用方法等，在微博、贴吧、论坛上讨论和分享自己的科学观点。网络学习是学生学习科学的重要途径之一，学生可以在网络中学到很多科学课堂上无法实现的教学内容，甚至还包含针灸、阴阳、五行、经络等平时不易接触的内容，从而改变认为中医"老""土"等的旧观念，并培养学生的认知能力。

（四）在多种形式的讲座中渗透

科学来源于生活，又应用于生活，它与人们生活是息息相关的。然而在科学课中涉及生活与健康的篇幅内容较少，也不够深入。这就需要我们进行科学内容的补充和拓展。以中医药与健康这方面养生知识填充为例，为了让同学们了解家庭常见蔬菜和水果的药用功能，可以进行"家常便药"知识讲座，介绍在日常生活中常吃的且药用价值较大的食物。如木瓜可舒筋活络、和胃化湿；核桃仁可抗氧化、抗衰老、镇咳；山楂可促进消化、降压降脂、利尿；山药可补脾养胃、生津益肺；生姜具有发表驱寒、止呕化痰、镇痛杀虫等功效；大蒜具有行滞气、暖脾胃、解毒杀虫的功效。通过讲座，同学们在平时吃菜时不仅注意到菜的色、香、味，同时还会注意菜的药用价值。还能学习中医学文化，明白谚语"冬吃萝卜夏吃姜，一辈子不用开药方""药材即食材"的中医药学原理，养成健康的饮食习惯。学生经过科学的学习，其起居、运动、饮食、情志的认识将大大提高。

总之，中医药知识的学习对于现代小学生的教育和生活都有不可忽视的作用，在小学科学教学中渗透中医药知识是非常有必要的。在教学中教师可以结合多种形式的教学手段灵活地进行渗透，最大限度地调动学生学习的积极性和主动性，培养学生解决实际问题的能力，教师也要注意师生之间的互动，家长和学生之间的互动，学生与学生之间的互动，让学生传承和发展中医的同时，更将科学知识吸收、深化、应用，以达到科学和中医药学相互印证、共同发展的目的。

浅析体育课中意志的培养

徐孝坤

学生在课堂上，严于律己，不盲从他人，主动克服困难，专心致志地完成老师设定的任务；在赛场上，坚持不懈，不放弃自己，咬牙挺过极点，圆满地赢得同学的笑容与鼓励；在球场上，灵活应变，积极配合同伴，当机立断做出抉择，关键的时候助团队赢得胜利；在生活中，戒骄戒躁，不受外界的干扰，及时调控情绪，创造和谐的关系，享受人生。学生的家长看到了，惊喜；学生的老师看到了，欣慰；社会人士看到了，欢呼。时代需要现在的青少年身上拥有这些词汇：坚持不懈、锲而不舍、当机立断、百折不挠、坚忍不拔等，与学生的意志品质息息相关。

谈到意志，就想到了体育运动，那些顽强拼搏的运动员无不激励着我们。近几年，学生的体质健康水平有下降的趋势，学校体育也致力于搭建各种平台提高学生的身体素质，作为一线的体育教师也在有效的体育课上以运动技术为载体，千方百计地教懂学生，教会学生，教乐学生。然而，提到心理健康和社会适应这个目标时，大部分体育教师认为现在的学生意志力薄弱，需要正确引导，例如，在课时计划的教学目标设计中就会明确地写着"培养学生坚强的意志品质"，可是，意志是什么？体育课与意志品质有何紧密的联系？培养意志有何具体的策略？这些问题该如何回答，让体育教师一头雾水，本文试着对这些问题进行探讨。

一、意志的内涵

孟子的经典语句"天将降大任于斯人也，必先苦其心志，劳其筋骨，饿其体肤……"，要想获得成功就必须要磨炼心志和克服一切困难。根据现代汉语词典解释的含义，"意"指的是心理活动的一种状态，"志"是对目的方向的坚信、坚持，"意志"是为达到既定目的而自觉努力的心理状态。从普通心理学的角度定义，意志是人自觉的确定目的，并支配行动，克服困难，实现目的心理过程。

意志与学生的身心成长有着密切的联系，获得良好的意志特征需要正确地引导。例如，固执己见、刚愎自用，是"好"的意志？又比如，咬咬牙，不在规定的时间内坚持不吃饭是"好"的意志吗？现在，学生需要的"好"的意志是什么？"好"的意志有自觉性但不独断、有果断性但不盲从、有自制性但不冲动、有坚持性但不刚愎自用，"好"的意志是社会公认的正能量，它能在社会的"血液"中循环流动，鼓励着世代人。

二、体育课与意志

体育课夏热冬凉；体育课要身体练习；体育课有时竞争激烈；体育课有时要团队合作；体育课有时枯燥无味；体育课有时……在这些情景中培养学生的意志力是非常有效的。

（一）体育课的运动强度与意志

体育课是以身体练习为载体的，有一定强度才能锻炼身体。体育课有时候可安排超负荷强度的练习，负荷大了，困难也就大了，对于学生的意志力的考验也就大了。比如，在立定跳远练习中学生跳了多远，在成绩评定中跳了多远，如果在练习中按成绩评定的远度进行练习，那就是有了更大的强度，学生用了全身的力气向着目标一次一次地前进，那么教师的目标也就达到了。因此，如何安排课时运动量是教师必须考虑的问题，要因人而异，因地制宜，恰当应用。

（二）体育课的运动项目与意志

运动项目是体育教材，课堂是通过运动技术和技能的教学将学生、教师和场地器材融合在一起。对于学生来说，在运动项目的环境中表现出该运动的特点，把体育精神从骨子里发挥出来。学生由于身体的差异、性格的不同，在各个运动项目中获得也不同。因此，多学会几项运动项目也会磨炼出多种意志品质（表一）。

表一　运动项目特点与意志品质

运动项目	项目特点	意志品质
短跑	无氧运动，最大限度的发挥本能	勇猛果断、彰显个性
中长跑	有氧运动，大量消耗体能	吃苦耐劳、坚持不懈、顽强拼搏
体操	高难度、高技巧	敢于冒险、集中精神、独立个性
球类	竞争激烈、对抗性强、技巧性	随机应变、勇于挑战、团结协作
……	……	……

（三）体育课的运动环境与意志

虽然天时、地利、人和三者都具备才能创造奇迹，但是这样的机会是难得的。就拿体育课的天气来说，大部分都不是舒舒服服的运动天气，因此，在体育课中师生要共同克服困难把课时任务完成。体育教师要抓住各种情景进行德育教学，让其渗入体育课中。例如，天气炎热的时候进行队列队形练习，要提醒学生发扬团队精神，暗示学生学习军人的精神，有利于学生意志的增强和自制力的提高。

在体育课的场地设置、教学组织的设计中要根据学生的身心特点来设置有效的教学目标，远度多少、速度多少、高度多高，规定时间的次数多少，都是运动环境中的点，对于学生的要求要适宜，这样才能慢慢地培养意志，一点一点地让学生的意志趋向稳定。

三、培养意志的策略

（一）优化教学设计

1. 优化教学情景

依据教材内容和学生身心特点进行教学设计的时候，要充分挖掘到教材内容潜在的意志教学点，合理地设置教学情景，引导学生学习好的意志品质。

2. 恰当的言语

在体育课的开头和结尾，教师应该根据运动项目的特点设计教学言语，既让学生体会教师的言语魅力，又让学生认识体育的专业术语；既鼓励了学生，又给了学生信心；既让学生了解运动项目的特点，又让学生学习该项目所需要的意志品质；既能提高课堂的教学质量，又将体育运动与品德教育有机地结合。

3. 适宜教点的选择

针对学生的意志品质的薄弱点，进行有效的教点选择。比如，冬天比较冷，学生比较怕冷，教师就要鼓励学生不畏严寒，艰苦奋斗，设计多样的长跑让学生体会。又比如，学生精神状态不好，就开展一些有集体主义的球类游戏。

（二）合理运用榜样的正反面

榜样的力量是无限的，运用榜样的力量来言传身教，让学生在模仿中逐渐形成意志品质。榜样有正面的，也有反面的，如何合理运用正、反榜样是教师的智慧。正面的学生榜样得到老师的表扬，其他的学生也会效仿，原来这样做大家都会欣赏我；也可以在篮球课上为学生灌输以球星为榜样的思想，他们顽强拼搏赢得比赛的精神值得同学们学习。可是，反面榜样的运用也一样有实效，某某因为意志不坚定，做了坏事情，受到了家长的严厉批评，学生因为畏惧而不该再做这样的事情。

（三）设置练习的难度系数

艰苦的环境、运动的难度加大有助于提高学生的意志力，不断地克服困难，获得成功感是给学生最好的精神礼物，有助于培养学生勇敢、不服输的意志品质。体育教师可以通过改变环境、任务来加大运动项目的难度系数（表二）。

表二 运动项目的难度设置与环境、任务

运动项目	环境	任务
短跑	让距	追上
	设置障碍	跨过去
中长跑	雨天、炎热的天	跑完
	两人一组规定路线图	同时到达
球类	两人传球规定的次数	投篮
……	……	……

绘出新意——小学电脑绘画社团的探究与转型

谢淑虹

电脑绘画是信息技术和传统绘画相结合的产物,小学的信息技术教材中也充分体现了电脑绘画的重要性,在教学中更是受到了小学生的喜爱。为了更好地实施素质教育,培养学生综合素养,学校组建了电脑绘画社团。从创建初期的困难重重,到转型后的重大变化,小学电脑绘画社团系列化活动的开展为学校注入了一股清新的流泉,使学校的社团活动绽放别样的艺术光彩。

一、强力后盾——社团创建的背景与意义

(一) 星海小学"星星社团"大背景

为满足学生的课余爱好,增加学生的课外知识,体现星海小学STARS课程育人全面的核心目标,星海小学设立了"星星社团"。星星社团在每周五下午进行,采用混龄走班制度,共开设35个各领域学科的社团。通过开展缤纷多彩的社团活动促进了学生的全面性与社会性发展。

(二) 电脑绘画社团创建的意义

电脑绘画社团的宗旨是培养学生对信息技术学习的重要性的认识和实践,培养学生利用电脑绘画的兴趣和能力,发挥各自的特长,培养学生利用电脑制作绘画作品的兴趣,挖掘学生独特的绘画创意,从而培养和提高学生的创造力、想象力、表现力和欣赏能力。

二、初出茅庐——社团开展的初期策略与问题

（一）精心选拔，出台章程

考虑到一、二、三年级的学生年龄太小，对电脑绘画知识知之甚少，对电脑的使用不够娴熟，而六年级的学生学习任务较重，没有更多的业余时间进行绘画和设计，因此，社团成员从四、五年级的学生中选拔。要求学生不光要会用电脑，还要有一定的美术基础，对电脑绘画软件有一定的了解。学生通过微信公众号网上选课，自愿选择社团，老师再通过初选名单对学生进行调查，达成学生与老师互选的共识。最终控制电脑绘画社团人数在15人左右，特别邀请美术老师担任社团顾问指导。社团成立后，社团的成员可以通过投票或自荐的形式选出团长、组长。团长和组长主要负责协调团里的活动流程，及时和团员进行沟通，反馈社团活动的信息。社团活动的成员要统一行动，注重协作，发挥好团队作用。

（二）软硬结合，配备齐全

俗话说："工欲善其事，必先利其器"。社团在学校机房开展活动，电脑硬件设施都满足小学生电脑绘画的基本要求，教师可以通过一体机直接在上面进行绘画演示指导，还可以通过极域电子教室进行控制演示。在学生电脑绘画的软件选择上，工具软件更适合小学年龄特点，体现直观，操作简单易懂，于是社团初期选择系统自带的"画图"软件，该软件也是小学信息技术教材中要求掌握的，对社团学生来说更加驾轻就熟。

（三）丰富形式，实施活动

在社团活动开展初期，社团活动主要以临摹为主，老师通过极域电子教室分发成品范例图片，分析图片的布局、色彩以及所使用的工具，经过简单的示范后，让学生自主探索完成活动任务；活动中老师还通过分发打印有学生喜欢的故事或连环画的小纸卡片的形式，鼓励学生以电脑绘画的内容形式表现，加入自己的想法，形成新的作品，让学生在临摹中体会电脑绘画的创作乐趣；其中我还特别注重启发学生的生活感受，鼓励他们记录生活的点滴，如听到或看到的生活中有意义的事，故事书上的趣事等，都可以作为积累创作的源泉。在作品评价展示环节，以学生自评和互评的形式来开展，把主体完全让给学生，不仅让学生有绘画成就感，能借鉴他人的绘画技巧，也

能在评价中感受自己绘画中的不足。

（四）社团开展初期产生的问题

在电脑绘画社团活动中学生用鼠标操作，但是几乎没有人能运用鼠标快速画出流畅的直线或弧线的。使用鼠标在电脑绘画的学习当中有极大的局限性，因其操作相对比较拘谨，绘画时难以操控，学生无法达成预设目标，从而大大打击了他们的自信心与成就感。对于喜欢电脑绘画的学生来说，画图软件过渡色生硬单一，很难画出色彩丰富、柔和的图像，画图软件内部的工具也比较局限，无法满足学生进一步学习电脑绘画的需求。

三、华丽转型——神板助力社团大变样

（一）手绘板的智能升级

针对学生用鼠标绘画操控困难的问题，我们考虑使用手绘板来代替鼠标作为计算机输入设备进行电脑绘画。什么是手绘板呢？手绘板，又名数位板、绘图板等，通常是由一块板子和一支压感笔组成，手绘板可以让你找到拿着笔在纸上画画的感觉，在板上用压感笔画画的同时，屏幕上也同步出现相应的线条，线条的粗细也根据压感笔接触手绘板的轻重而变化。起初学校采购了一台手绘板进行尝试，发现操控起来画线条比鼠标流畅了许多，真实感也较强，但是对于小学生感知度来说，压感笔在手绘板上的位置相对于线条在屏幕上的位置，小学生比较难找到定位，对绘画又欠缺一点整体感。最终决定由手绘屏来代替手绘板，压感笔直接在屏幕上定位绘画，对于小学生来说直观、简便，真实感更强。

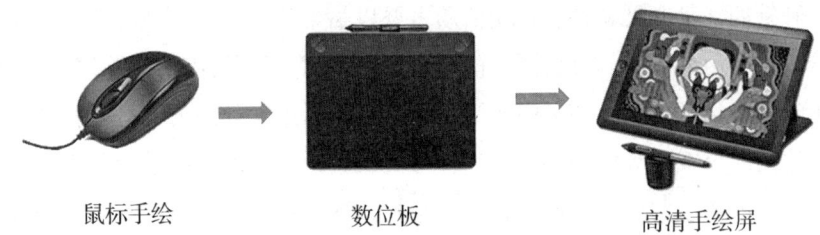

鼠标手绘　　　　　数位板　　　　　高清手绘屏

（二）SAI 绘图软件的新体验

针对电脑自带的"画图"软件功能局限、色彩单一的缺陷，考虑寻找一种功能丰富更适合小学生电脑绘画的软件。从小学生的年龄特点和信息技术

技能的掌握情况两方面来综合考虑，有些电脑绘画软件专业性过强，对于小学生来说掌握起来有一定的难度。而 Sai 软件相对而言，入门起点低、上手快，更适合小学阶段用于电脑绘画提高辅导。对于刚学习过画图软件的小学生来说，Sai 软件最大的不同就是图层式的分层绘制、多样化的笔刷工具以及无形状工具的随手勾画。多个图层的建立，也便于后期的修改与加工，而新颖独特的上色方法，更是为学生的自由发挥创造了条件。传统绘画中色彩的使用需要一定的基础知识，特别是复合色的难度更大，给许多初学者带来了困难，而 SAI 的色盘很好地解决了这个问题。

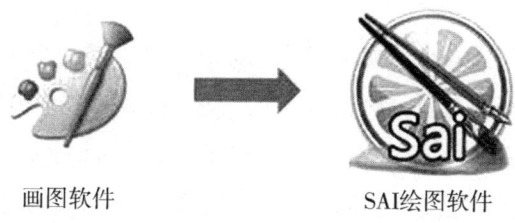

画图软件　　　　　　SAI绘图软件

（三）开拓学生更多的创作思维

有了让学生兴趣大增的手绘屏和方便易用的 SAI 绘图软件，大大解放了学生的思想，让一些美术基础相对薄弱的学生也有勇气一试身手。在使用手绘屏电脑绘画时，学生可以随心所欲地展开想象的翅膀，想画什么画什么，方便快捷的上色，更是增添了作画的乐趣。多种压感的运用，不同画笔种类的尝试，使他们在作画中可发挥的空间越来越大，敢于做一些传统绘画无法尝试的东西。同时，学生还通过 SAI 修改了原来的图片作品，比如把夏天变成冬天，也可以把照片人物变成卡通人物，可以把一幅画变成彩铅、水粉、国画、素描等各种画种风格。在此过程中，学生的想象力和创造力得到了充分的展示。

对于小学电脑绘画社团我们还在继续实践和探索中，需要不断进取、总结经验，让它的优势和前瞻性更加突显，让我们的孩子具有感受美、鉴赏美、创造美的能力，促进学生艺术素养全面发展，体现星海小学"星星社团"的"让每一颗星星都闪亮"的宗旨。

提高小学音乐课堂教学效益之我见

蒋镶褒

长期以来应试教育的影响与冲击，使音乐课教学名存实亡，遭受冷落。尤其是农村小学的音乐课，普遍存在"四轻"现象，学校领导轻视、教师轻视、学生轻视、家长轻视。当前，实施素质教育，全面提高学生素质，音乐课开始热了起来。特别是新课标的出台与实施，给音乐教师提出了更高的要求。那么，音乐课应如何上呢？我在近几年小学音乐教学中进行了一些尝试，下面我就如何提高小学音乐课堂教学效益谈一点肤浅的看法。

课堂，是对学生进行素质教育的主阵地，因此，老师要认真地上好每堂课。我认为音乐课也要求实、求新、求乐、求活，具体表现在以下六个方面：

一、音乐教学的教育性

人们很早就懂得以艺术手段作为教育人的工具。古希腊哲学家柏拉图就曾认为音乐具有潜移默化影响心灵的作用，他主张儿童都应学习音乐。我国古代总是把"礼"和"乐"并提，并且很早就有"移风易俗，莫善于乐"的观点，把音乐看作是向人们进行教育的工具。孔子所说的"六艺"（即今日所说的六门教育课程）——礼、乐、射、御、书、数，明确地把"乐"列为重要的教育内容。

音乐课作为学校审美教育的手段之一，它的影响不只是教育本身，还包括人们的德、智、体、美、劳全面发展，特别是促进德育的发展，它是建设社会主义精神文明的重要手段。

改变学生的思想是改变学生对音乐的兴趣、热忱的根本。在教学中我坚持以课标为准绳，以教材为依据，扎扎实实地教好教材上的歌曲，除此，在小学阶段我选定以下三首歌曲为主题歌，让每一位学生都会唱，并能晓之以理，动之以情，导之以行，持之以恒。三首主题歌曲是：《国歌》《中国少年先锋队之歌》《没有共产党就没有新中国》。通过这三首主题歌曲的教唱，陶冶学生的情操，培养他们热爱祖国、热爱党、热爱少先队的思想情怀。

主题歌的教学如此，常规曲的教学亦如此。我时时注意歌曲的德育功能，如《咱们从小讲礼貌》这首歌是一首直接对学生进行行为规范教育的歌曲。在教学过程中，我让学生边唱边体会歌词的内容，同时让学生自己设计动作来配合演唱，当学生唱到"见了老师敬个礼，见了同学问声好，纪律要遵守，卫生要做到，果皮纸屑不乱抛"时，我引导他们结合平时的校园生活，想想怎样形象地根据词意加上不同的动作，使得枯燥的行为规范在他们的脑海里具体化。这时课堂气氛显得特别活跃，作为老师，心里更是高兴。从他们稚气而又认真的神态上，从他们清脆而又优美的歌声、动作里，都可以看出学生理解了怎样做一个讲文明、懂礼貌的好孩子。

二、唱歌教学的技巧性

唱歌教学是音乐教学的主旋律，我们要唱好主旋律。

在教学中，大家常常会见到"念歌""喊歌""吼歌"的现象。不少学生在唱歌时双肩高耸、颈部紧缩、各部位僵化难动。有的则扩胸收腰或鼓着小腹喊唱。如遇低音，则低头吟；如遇高音，乃离谱地吼，全无激情。

人的喉咙是最纯洁、最卓越的乐器。我们必须切实抓好发声练习，保护好学生嗓音。发声练习重在练、贵在恒，"堂堂5分钟，每天跟我练"，课堂上要培养和训练学生掌握正确的唱歌技能：

1. 培养学生正确的唱歌姿势。

2. 掌握好唱歌时的正确呼吸方法。

3. 纠正发声训练中在音准、音量、音色等问题上常见的错误。要控制唱歌时间，保护学生的发声器官。

4. 培养学生清晰的咬字、吐字。

5. 要求学生掌握变声期的知识，使其能够做到自我保护，自我调剂。

作为教师要采用有的放矢的方法因材施教，绝不可"一刀切""齐步走"，注重他们的个性发展，保护好他们的嗓音。

三、音乐教学的情趣性

在音乐教学中，要注意激发学生的学习兴趣。一方面，培养学习兴趣的最好手段莫过于欣赏。正如美国心理学家詹姆士·L·穆塞尔和梅贝尔·格连所说的那样："唱歌必须由音乐欣赏来激发，也是加深音乐欣赏的主要手段。"另一方面，要注意因材施教，考虑到每个学生的音乐水平、接受能力及兴趣差异，以调动学生的学习积极性。

每个学校，每个班级，每节课都有随时变化的情况：音乐课在其他课程的考试前后，学生情绪会有变化；课间游戏、争执；课内学习内容、学生个人对音乐、对某项音乐内容的好恶……都会影响课内学习情绪，就是音乐课的学习积极分子，偶然也可能出现不合作态度。凡此种种，都要求音乐教师善于察言观色，及时应变，尤其要富有情趣性地教授好每一个知识点，特别是乐理知识的教学，应妥善处理。

如在教学音乐节奏这一点上，我是这样做的，我启发学生在生活中寻找音乐节奏。音乐节奏这个知识点的教学既是重点也是难点。"拍手跺脚"打节奏方法可试行，但不可推广。小学生好奇而富有想象力，我们完全可以引导学生从日常生活中去寻找音乐节奏。例如队列训练的口令，时钟的运转，屋檐的滴水声响，汽车的报警声很像二拍子；而印刷机的印刷响声"咔嚓嚓"很像三拍子。像三拍子还有如小鸡的"叽叽叽"声，学校上、下课的"当当当"的钟声，跑马的"得得得"声等，其中就有×××，××× ×××，×××，××× ×××等多种节奏型。在课堂中，让学生自由地想象，每个人都可以说出生活中的许多节奏，教师再进行节奏概念的归纳，学生自然就懂得了这一乐理知识。教师教得轻松、巧妙，学生学得愉快、实在，何乐而不为？

再如，我在教音高这一知识点时，鼓励学生平时留心生活，分辨各种发声体所产生的声音含有的音高。例如：大街小巷小贩的叫卖声、吆喝声"豆——腐——滑 子——哟——，卖——豆——腐——滑 子——来——""灌——煤——气噢——"这些都是生活中的高音。又如一声闷雷"轰——隆——隆——"（低沉），老水牛的"哞——哞——"都是生活中的低音。用瓶子盛着不等量的水进行吹奏，能听出不同的音高。以此让学生领悟到音高与音量是两回事。学生听得兴味盎然,教师教得淋漓尽致,同时,学生也比较容易接受。

四、音乐教学形式的多样性

我们不难注意到,当前仍有相当一部分学校、教师仍然沿袭传统的教学模式,把音乐课变成唱歌加乐理的机械模式,完全背离了"寓教于乐"的音乐教学原则,使音乐课与语文、数学等课程雷同,自觉性不够的小学生会感到非常失望。为此,我们要变单一的为多样性的,变枯燥的为新鲜的,变乏味的为兴味盎然的课堂形式,如情景教学、游戏教学,运用插图和挂图教学等。

上《小青蛙》一课时,我是这样做的。我出示一幅由荷塘、荷叶、青蛙、柳树组成的夏日图景,在碧绿的荷叶上写出几种不同的节奏性:①××××;②×× ×××;③× ×;④×××× ×;⑤× ×××。另外,我又设计了很多各种各样姿势的小青蛙的形象,在老师的钢琴伴奏下,让学生帮助小青蛙随着琴声准确地跳进每一个特定的荷叶上。由于孩子们对小青蛙特别感兴趣,有感性的认识,所以在听老师弹奏不同的节奏时特别认真,生怕跳错了荷叶。学生把感情都投入到这个环境中,争先恐后地参与到这项听音练习中,还让学生学青蛙的声音准确地把老师重组的节奏重复念几遍。

× ×　××　×　×××　××　×××　×××× ×
呱　呱　呱呱　呱呱　呱　呱呱呱　呱呱　呱呱呱　呱呱呱呱　呱

游戏教学,如《劳动最光荣》这首歌,可要求学生按照音乐的节奏,自己编创各种劳动的动作,如擦窗、扫地、洗手绢、抹桌子等。又如按照《知了》歌曲的音乐,可编创表现动物形象的动作,像小鸡、小鸭、小鸟等。这些游戏有利于提高学生对音乐的感知能力和理解能力。

运用插图和挂图教学。有一位老师在教《小宝宝睡着了》一课时,先让学生仔细看插图,然后列出"星星睡了,月亮睡了,天上的白云不动了……"等歌词。学生通过有趣的画面很快掌握了歌曲的内容,并为歌曲创设了美好的情境。

五、音乐教学的综合性

学习唱歌及演唱歌曲的过程,就是欣赏音乐作品、理解音乐作品的过程，是学习音乐知识、识谱的过程，是学习他人的创作、由自己进行再创作的过程。同时，也是学会用歌唱手段感染自己、感染别人、教育别人的过程。大家要充分认识综合训练的重要性。

让乐器进课堂。器乐可以抒发感情，陶冶人的性情，消除学习、工作后的疲劳，给人以美的艺术享受；它还是开启人类智慧宝库的钥匙。历史上许多杰出的科学家和伟人不仅在事业上有所成就，而且都有很好的音乐素养。

因此，我的音乐课堂是"唱歌＋器乐"的形式。当然，"唱歌＋乐器"不等于音乐课堂，它们是相辅相成的，相得益彰的。其中乐器包括人手一件竖笛以及配合教学需要或弹拨乐器，或吹弹乐器，或管弦乐器。音乐课让学生想上、乐上。

六、音乐考试的科学性

过去，无论是期中还是期末检测时，均是按学号顺序要求学生到教师身边一一独唱，然后，老师个人主观地为学生评记分数。这样考试效果不佳，其原因有三：一是胆小的学生走到老师身边就发怵，诚然唱也唱不好，考不出真实的成绩来；二是学生感到单调无味，一人唱，其他人无所事事，就自谋其事，做作业、看书籍、说说笑笑、写写画画，课堂纪律特别差；三是教师个人主观评分，难免有些偏差和不公正的地方，如果做不好，很容易挫伤学生的积极性。评定学生的音乐成绩，应以新课标的要求及实际教学的内容进度为依据，对学生掌握与应用基本知识与基本技能的水平及熟练程度等全面情况做出评定。评定学生唱歌或视唱成绩，应以学生的乐感与表现能力及掌握歌曲基本技巧的程度和实际读谱能力（包括音准、节奏等表达能力）为主，不可单凭嗓音进行评定。同时应参考学生平时唱歌或视唱的能力。评定学生的音乐成绩，当然我们还加上了器乐的演奏成绩。我对学生的音乐成绩的测评，多数情况是我将成绩评定标准向学生交代清楚，而由学生自我评定或互相评定，最后由老师适当调整。成绩评定常常是"一人献唱，众人观赏"的情形。学生唱得好，大家给赞扬的掌声；唱得差，大家给鼓励、期望的掌声。在热烈的氛围中，音乐成绩评定活泼而又不失水准，我们何乐而不为呢？

第二章 02
教育叙事

　　叙述在课堂教学中发生的教学事件，改善教学行为，更新固有观念中的落后部分，获得新认识。老师们讲他们和孩子们在课堂教学中经历的故事，一向不怎么爱交流的胡老师，说起自己遇到的孩子之间闹矛盾以及她怎么和家长沟通的事，从第一天事情的发生一直说到第二天、第三天……擅长绘本故事教学的秦老师，说自己不会写教育叙事，但当她说起自己怎样去书城购书、网上选材、怎样构思、设计，而后在课堂教学中怎样随机调整环节的经历，大家都笑了起来，一致认为秦老师只要把说的这一段话用文字记下来，就已经是一篇很好的教育叙事文章了。这时候，我们眼中的老师们是最真实的，也是最动人的。

精彩背后的故事

——从教学案例谈预设与生成

邬丹丹

谁不期待课堂教学的精彩,可是精彩由何而来?让我们一起来看一个教学片段,去感受生命灵性的色彩,探问精彩背后的故事。

一、案例:角的大小比较

师:刚才我们通过眼睛的观察就能比较出两个角的大小,现在我们来看作业纸上的两个角,你认为哪一个大一些,哪个小一些?

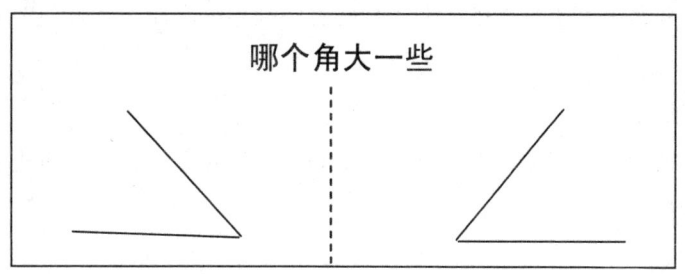

生:角1大一些。

生:角2大一些。

(学生们情绪非常激动,都积极地发表自己的意见。)

师:三种答案都有了,还有第四种答案吗?(停顿)看来没有了。那么我们下一步怎么办?

生:我可以证明角1要大。

师：看来，每一位同学都想证明自己的猜想是正确的。开始！

（随着教师"开始"指令的下达，学生们都忙开了，不久就有一些学生找到了比较的方法，这时教师引导这些学生想一想，还有没有别的好方法。没多长时间，几乎所有的学生都用"科学"的方法获得了结果。）

反馈：

师：你是用什么方法来比较这两个角的大小的，我们一起来交流一下。

[方法一]

生：我用量角器量了一下，发现第一个角是45度，第二个度是50度，所以我认为第一个角要大。

（说明：尚未教过量角器的使用。）

[方法二]

生：我用一块三角板的一个角去和角1比，正好与角1相等；再用三角板的这个角去和角2比，发现角2要大一些。（说明：角1正好是45度。）

[方法三]

生：我是用纸折了一个和角1同样大的角，然后再与角2比，结果也发现角2要大一些。

[方法四]

生：我是把其中角2描下来，然后再印在第一个角上，透过光线，我发现角2稍微大一点。

[方法五]

生：我用一把剪刀，把它张开，正好让它和角1一样大，再把剪刀移到角2上面比。

[方法六]

生：我把角1剪下来，然后再跟角2比。

[方法七]

生：我还有一个办法，把这张纸对折，然后让两个顶点对齐，一条边和一条边对齐，透过光线，也能比较出它们的大小。

[方法八]

生1：我们可以量两条边张开的距离，角2两条边张开的距离要大，所以角2要大。

生：我不同意这种方法。如果把角1的两条边再延长一点，用这种方法量的话，不就是角1要大了？

师：你同意他的观点吗？（指名生1）

生1：嗯。

生2：我也是用量的方法，我觉得我这种方法是可以的。我先从顶点起向一边量出1厘米，然后再向上画，量出来是6毫米；同样的方法，角2也从顶点起向一边量出1厘米，然后再向上画，这条线段量出来是9毫米。所以角2要大一些。

二、听课教师有感

听课教师一：

感动于学生执着，惊讶于学生的创造。简单的两个角的大小比较居然出现了如此多的方法，我相信这完全出乎教师的意料。从不同的角度思考问题，得到了不同的解决问题的策略，其中有相通之处，也有特别的地方。由此可见，学生不缺乏创造能力，缺乏的是创造的平台。

听课教师二：

今天听了《角的大小比较》，让我深深地感受到了学生的聪明，这一份聪明才智在教师的引导下能够得以最大程度发挥。在整个学习过程中，课堂生成的东西非常多，很多问题是我预先所没有想到的，如教师在让学生比较角的大小的过程中，学生出现了以下一些方法：用量角器量；把其中一个角剪下来，重叠比一比；用剪刀比出其中一个角，再移到另一个角上去比……从学生的回答中，我们可以看出孩子是多么富有创造潜力。这节课也引发了我对自己教学的反思，为什么在我的课堂上，同样让学生比较两个角的大小时，学生解决问题的方法却是那么的单一？

三、聚集问题

一个简单的两个角的大小比较，学生居然出现了如此多种不同的比较方法，不能不说是一种精彩（我们暂且不论多种比较方法的价值）。在课堂上，当教师呈现一个具有开放性的问题情境时，总是期待着学生能从不同的角度去思考问题，提出解决问题的方法。可是无奈很多时候学生的思路总是那么狭隘，方法总是那么唯一。正如听课教师所感慨的，为什么在他的课堂上"同样让学生比较两个角的大小"却没有出现同样的精彩？原因何在？

四、思考与分析

细细品味执教者的设计意图，我们可以从教材的特殊性进行了解，角的大小比较，是对角的本质属性的一次再认识。通过两个角的大小比较的操作过程，让学生更加深刻地体会到角的大小与两条边张开的大小有关，与所画边的长短无关。为了能让学生从不同的操作活动中感受同一属性，也是为了让学生感受到解决问题策略的多样化，发展学生思维的多样性、灵活性与创造性，我们能看到执教者在设计上述教学过程中，有意识地希望学生能在课堂上生成多种比较方法，执教者匠心体现在以下两点：

一是让情境具有更多的生成空间。细心地观察作业纸上教师提供的两个相近角的大小比较情景，可以发现下面几个特点：1. 这是两个"相背"的角，且两个角其中的一条边在同一直线上。这样就为学生用折一折，再用"透视"的方法进行大小比较提供了可能。2. 这两个角的度数分别为45度与50度。之所以设计一个角正好是45度，是因为学生的三角板中等腰直角三角形的底角正好是45度（也可以设计为30度或60度）。这样就为学生借助三角板的一个角作为中介进行比较提供了可能。3. 在作业纸的上方是两个角的大小比较，下方是本节课的其他练习，在这两者中间，教师有意识地画了一条虚线。这主要考虑学生一般都不舍得把一张作业纸剪破，之所以设置这么一条虚线，就是为了诱发学生的"破坏"意识，为学生剪下一个角（或两个角）再进行比较这一方法的出现增加砝码。

二是为生成的多样性提前做好必要的物质与意识准备。有些方法想到了觉得很自然，而想不到的时候却怎么也想不起来。于是就有必要去思考如何激发学生的灵感？其一是让学生做好必要的学习准备。在实施上述课堂教学前，要求每位学生准备一副三角尺，一把小剪刀。离开了这些必要的学习工具，就无法正常地开展操作活动，失去了更多创造的可能。其二是教师有意识地在前面教学过程中为后继学生进行思考方法上的诱导，这样学生就可能会想得到更多的解决问题的策略。例如，上述教学片段中所描述的方法五（把剪刀张开形成一个与角1相等的角，再与角2比），其创意可能源于教师在前面教学活动角时，有意把剪刀作为教具，比画角的变大与缩小。

在课堂教学中，学生出现的八种方法，除了第八种方法属于非预设生成之外，其他七种方法都属于预设生成。

我们思考"精彩因何而来"时，似乎找到了答案，精彩来自——充分而又精心的学习预设。

随着新课程标准的出台，各种新的教学理念不断冲击着教育。"动态生成"这个新名词也频频出现，几乎成了新课程的代名词，每次教学研究活动，主讲者几乎都会谈到生成，随便打开一本杂志，几乎都可以找到一篇以"生成"为关键字的文章。何为生成？众说纷纭。然而有一种解读现在还是比较流行，就是把生成解读为"不曾预约的精彩"，于是有了"抓住课堂中'不期而遇'的精彩""生成，生命因你而精彩"等一篇篇文章。在教学研究中，人们也非常关注教师如何处理课堂教学的意外。然而，生成就是意料之外吗？面对"生成"，教师只能守株待兔吗？

（一）课堂教学更应关注预设生成

应该承认非预设生成的价值，同时应该看到预设生成才是课堂教学的主流。生成不是一件进了课堂再说的事情，不是到课堂上看学生怎么表现，教师再怎样反应这么简单。如果教师经常忘记自己该干什么，那么当学生没有反应时，就只能匆匆自己上阵，在没有预设生成的情况下帮学生操作、帮学生思考、帮学生回答，使得数学学习成为灌输学习。只有教师充分预设的课堂，才能为学生丰富多彩的生成创设最佳的学习情景，教师才能正确地把握学生在学习过程中呈现的信息，给予恰当的引导与帮助。

（二）情景预设从细节入手

课堂教学是门"粗""细"搭配的艺术，在教学环节设置上应粗一点，但在学习材料的预设上应该细一点。首先作为教师需要去设想完美的课堂上学生应该有怎样的表现。这些表现哪些是学生不需要教师的帮助下能自主完成的，哪些有赖于教师的帮助才能完成的。其次，教师就需要去思考如何为学生提供这种帮助。因为帮助不是替代，所以不是教师简单地告诉学生事实是什么，或怎么做。而是需要在充分考虑学生的能力前提下，力求让帮助能恰到好处；尽可能发挥学生的主体作用，让帮助显得不着痕迹。上述案例让我们很好地感受到了预设如何从细节入手，其一，让情景的每一个细节都为学生解决问题潜在的可能性创造条件，一条线，一个符号，一句提示，都可以承载丰富的教学信息，都可以帮助学生打开智慧之门；其二，问题的解决需要依赖于一定的基础知识与思想方法，因此学习预设并不仅仅要在学习材料上做文章，还应去思考学生解决这一学习问题时提取哪些已有的认知或思想方法，其中哪一部分学生能自主提取，哪一部分需要教师的帮助，如何有意识地去激活那部分需要教师帮助下才能再现的认知与思想方法。教师的一句话、一个神态、一个动作都可以成为引发学生回忆、激发学生创造的有效手段。

爱心遍洒

——一年级班主任教育故事

冯静亚

转眼这个学期又结束了,期末考试又要来临,可班上却有一部分学生既不认真复习,也不认真读记,这使我心急如焚。

瞧,陈某又开小差了!他是班上一位调皮捣蛋的学生,每次上课注意力都不集中,我一次次批评教育,跟他讲道理,都毫无作用。我对他有些失望了,可是在这节课上,我对他的看法有了转变。

那是星期二上午的第四节,我还是像往常一样,上课前先问课代表谁的作业没交。同学们都说:"老师,陈某的作业好几次都没交了!"听完这话我没作声,只管安排了这节课的任务,复习第三单元。我把重点讲完后,让他们自己读背,然后在教室里转。当我一次次地走到他面前时,他都在玩。我开始冒火,又是他!作业没完成,书又不好好读。我恨不得一把把他拽出教室,给他点颜色瞧瞧,可静下来想一想,这回我要是还像往常一样训斥一番,他还会一如既往、我行我素。能不能想点别的办法呢?于是我让大家都停下来,在全班同学面前表扬他一番,他当时愣住了……

到了下午第二节课,我又给了20分钟复习时间。在这20分钟里我见他一直在认认真真地读记,我真是惊喜万分,没想到我没在意的一个想法,却给他带来这么大的变化。于是我顺水推舟,继续对他加以鼓励,结果在考这一单元时,他比平时学习好的同学分数还高。

由此可见,教育不在于传授多少本领,而在于激励、鼓舞、唤醒。让我们在课堂上多一些表扬,少一些批评,让学生从此感受课堂上灿烂的阳光!

班主任是学生班集体的教育者、组织者和领导者,也是学校教育工作、尤其是学校思想品德教育工作的主力军,可以说,班主任工作的好坏直接关系到整个学校的发展。而我认为班主任工作的秘诀就是"爱"心遍洒,尤其是一年级班主任。师爱是伟大的、神圣的;师爱是人类复杂情感中最高尚的情感,它凝结着教师无私奉献的精神;师爱是"超凡脱俗"的爱,这种爱没有血缘和亲情,没有私利与目的,然而这种爱却有一股巨大的力量。

一、爱就是了解

爱学生就要了解学生,包括对学生的身体状况、家庭情况、知识基础、学习成绩、兴趣爱好、性格气质、交友情况、喜怒哀乐的深刻了解。这是做好班级管工作、避免教育盲点、因材施教的前提,也是提高教育管理水平、提高教育教学质量的必要条件。

而了解学生从了解学生家庭开始。父母的年龄、职业、家庭住址、生活状况,做到了如指掌。接着就要了解孩子的兴趣、爱好、特点,他们有什么毛病,需不需要照顾;了解孩子的学前教育情况,以便因材施教。

为了了解学生我经常和他们在一起,课间和他们一起做游戏,放学后和他们说说话,在闲谈过程中了解他们的基本情况。了解了学生的这一切,我就能有的放矢地去关心教育他们。

二、爱就是关怀

师爱是教育的"润滑剂",是进行教育的必要条件。当教师全身心地爱护、关心、帮助学生,做学生的贴心人时,师爱就成了一种巨大的教育力量。正因为有了师爱,教师才能赢得学生的信赖,学生才乐于接受教育,教育才能收到良好的效果。师爱要全面、公平。全面公平的爱是指教师要热爱每一个学生。学习好的要爱,学习一般的要爱,学习差的也要爱;活泼的要爱,文静踏实的要爱,内向拘谨的更要爱;"金凤凰"要爱,"丑小鸭"同样也要爱。

入夏以后,孩子感冒的比较多,有时一天有好几个呕吐的。一个周一早上我就收拾了两次呕吐的污物。天热了,我总是提醒孩子们多喝水,生病了就及时治疗,按时吃药。晚上,还要给生病的孩子家长打电话询问孩子的情况。天凉了叮嘱孩子们穿戴好了再出教室，变天了告诉孩子们明天要添衣服……

三、爱就是尊重

尊重、理解、信任学生是扫除教育盲点的基础，尊重学生要尊重学生的人格。教师与学生虽然处在教育教学过程中的不同的地位，但在人格上应该是平等的，这就是要求教师不能盛气凌人，更不能利用教师的地位和权力污辱学生；理解学生要从青少年的心理发展特点出发，理解他们的要求和想法，理解他们幼稚和天真；信任学生要信任他们的潜在能力，放手让学生在实践中锻炼，在磨炼中成长。只有这样，学生才能与教师缩小心理距离，学生才会对教师产生依赖感。

我们班的孩子，竟然在学校一次优秀教师的简介中把我的出生日期记了下来，在我生日的那一天，竟然在学校门口等待我，迎接我，老远看到我就大声喊："老师生日快乐……""妈妈（我们班好多女生把我叫妈妈）生日快乐……"那一天，他们格外听话，格外懂事。我的确收到了学生"深深的爱"这份特殊的礼物。

这一切使我更深刻地认识到教师要热爱每一个学生，尤其是对待调皮的孩子要多给一些温暖，用"爱"字改变他们，理解尊重信任他们。尊重和理解是培养自主品格的养料。在班上，人人都是小主人。不用老师指定，不用编排值日表，每天卫生清扫都有学生抢着去做；班上有同学遇到困难，同学们都会主动去关心、帮助……用爱心培育孩子对集体、对他人的爱，一旦这种爱升华为对他人、对社会的责任感，那么人格大树就矗立起来了。

四、爱就是责任

爱学生要深入地爱，爱学生要理智地爱。就是要严格要求学生，对学生不娇惯、不溺爱。对其缺点错误，不纵容、不姑息、不放任。师爱既蕴含着强烈的情感色彩，又表现出深刻的理智，不仅着眼于学生目前的得失和苦乐，更注重学生未来的发展和前途。

作为一个班主任，我有责任引领他们走进知识的殿堂，学到更多的知识；我有责任引领他们张开理想的风帆，驶向梦中的彼岸；我有责任引领他们插上智慧的翅膀，翱翔在无尽的天空。

在辅导学生学习时，不仅要使优等生学好，也要使中等生学好，更要使学困生学好。

教师的责任不仅在于教授学生知识，更在于引导他们学会生活和生存的基本技能，以及做人的基本行为准则。小学阶段的学生不知天高地厚，只会随心所欲地玩闹。我每学期开学总是先对学生进行常规的教育，不仅使他们了解了一日常规，而且对他们也有提醒的作用。我常常不失时机地抓住一切可以利用的机会进行常规教育，如班会上、早检时等，值周总结得到红旗和没得到红旗都要进行教育。这样让他们心中时刻有常规意识。

但这是远远不够的，低年级时，他们的自觉性不强，还需要时刻不放松地"看"。下课时，我先走到教室门口，站在那儿，然后目送他们一个一个走出去，还要不时地提醒，某某站排里，某某把手放下。这样的话不知说了多少。然后走出去，和他们一起玩，或看着他们玩，指导他们游戏的方法。就这样，现在下课我不再用去看看了，队伍也站得整整齐齐了。孩子们低年级时不会做值日，我就每天不到七点半就来到学校，教他们干活，手把手，一次次地教，一次次地示范。现在一切都做得井井有条。

教育工作是一项常做常新、永无止境的工作。社会在发展，时代在前进，学生的特点和问题也在发生着不断地变化。作为有责任感的教育工作者，必须以高度的敏感性和自觉性及时发现、研究和解决学生教育和管理工作中的新情况、新问题，掌握其特点、发现其规律，尽职尽责地做好工作，以完成我们肩负的神圣历史使命。一份春华，一份秋实，在教书育人的道路上我付出的是汗水和泪水，然而我收获的却是一份份充实和沉甸甸的情感。我用我的心去教诲我的学生，我用我的情去培育我的学生，我无愧于我心，我无悔于我的事业。

为了你心中的 No.1

冯锦霞

【引言】

爱一个好学生并不难,因为他本身就讨人喜爱;爱一个学困生才是对我们的重大考验,才是教师的天职所在。

——题记

【镜头回放1——学期初】

秋意渐浓,秋风开始舞动窗外那颗桂树的魅力,秋雨滴答着我的思绪。转眼我已在三尺讲台上度过了17年,其间有过烦心,有过哭声,有过疲惫,但更多的是快乐和甜蜜。今年,我继续任教五年级的英语,我带着如秋菊般绽放的热情演绎在这方讲台上,为的是从学生最大可能的进步和快乐融洽的英语课堂中收获教学专业的幸福感。

课代表拿着一叠作业本走进办公室,未等我开口问,她便很懂事地叹息说:"哎,Miss Feng,章永杰今天还是没交家庭作业!"我坐不住了,嘴上应着"哦,知道了",心里却不断翻滚着:开学第一个星期,有五六个学生用不做家庭作业来试探我,结果他们都试探失败了,于是他们以后的每次作业都能按时完成,但只有章永杰一人例外。于是我把他叫过来耐心劝说:"章永杰,Miss Feng 布置的英语作业不多,但对巩固课上所学知识很有帮助,你按时认真完成,好吗?""章永杰,全班就你一人不按时完成英语作业,你好意思面对 Miss Feng 吗?今天的作业一定要按时完成啦!""章永杰,昨天的作业又是中午在 Miss Feng 办公室补写的,办公室的每位老师都认识你了,他们都在批评你，我都替你难为情。""章永杰……"每次离开办公室前，都得到他爽快的应答。

说实话，我都不敢罚他多补写点作业，因为在有限的课余时间，他同样是语、数老师的"香饽饽"。班主任老师说她三年级接班时，章永杰就基本不写家庭作业，我也经常看到脸色铁青的数学老师大声训斥低头站在墙边的他。所以他能及时补上未完成的作业我就比较满意了。

可是，这样过了几星期后我发愁了，这样每天靠补能补到期终吗？能补到小学毕业吗？初中呢？那时会有老师盯着他补作业吗？看着他又一次空白的作业本，我上火了，很想来点硬的，教育部出过条文，适当的惩罚教育可以提倡。他很怕痛，小棒刚落在手心，便哇哇叫了，随之，待到手心开始泛红后，他的眼泪扑通扑通掉下来。我问："痛吗？"他点点头。我说："那今晚回家不想做作业时，就想想下午的痛。"第二天，我满心的期待再次落空。我当着所有学生的面放开了喉咙："你难道宁愿选择挨痛也不愿抽十分钟时间来完成英语作业吗？""章永杰，你太蠢了，太傻瓜了！""中午放学后补上，没补好不能吃饭！"他的动作只有摇头和点头。

这两次的惩罚教育未起到任何作用，相反，他不愿再到办公室补作业了。我让课代表叫他，他是肯定不会来的，就连我自己去叫他，他也会在跟我去办公室的半路中开溜。他在我这儿就像一条泥鳅，瞅准时机就溜。有一次，他又溜走之后，我从教学楼一找到教学楼三，从食堂找到操场再到校小卖部，从语文老师办公室找到数学老师办公室，还是没能找到他。

我向他投降了，准备向他的家庭搬救兵。我一般情况下是不打扰家长的，孩子成长的道路上偶尔出现黑色的小圈圈不必大惊小怪，教师用上宽容和智慧不让小圈圈扩大就是了，不用当炸弹来恐慌。德国诗人海涅说过："每一个人都是一个世界，这个世界是随他而生，随他而灭。"对于教师来说，一个学生就是一个十分丰富、十分复杂的世界。每一个学生的心灵深处都有一根琴弦，就必须设身处地，从学生的外在表现探知学生的内心世界。"我该怎样拨动他心中的那根弦呢？

我打电话给他的后妈（我早就从班主任口中得知他处于一个父母离异后重组的家庭中），交流几句后，这位后妈答应以后会陪着他完成家庭作业。这一次很灵，接下来的一个星期章永杰每天都按时交了作业，只不过完成的质量不佳，没关系，这至少让我看到希望，我有信心顺着这道希望之光走到他面前，带给他更大的进步。

好景不长，一个星期后他故态重演了，于是就出现本文开头连课代表都叹息的那一幕。我有些泄气，有些讨厌。泄气自己花在他身上的力气没有回报，讨厌他第一单元41分的测验成绩。

过了几天，我无意中在一本教学杂志上看到这样一句话："学生看起来最不值得爱的时候，恰恰是学生最需要爱的时候。如果讨厌学生，那你的教育还没开始，实质上就已经结束了。"我的教育结束了？不，我不甘心！

我叫他坐在我对面，尽量使自己心平气和地说："章永杰，前一个星期Miss Feng每天表扬你，还准备给你发表扬信，没想到你不给老师这个机会了。"他的眼睛闪过一丝惊奇和高兴："老师，我有可能得到表扬信？""嗯，可是你现在不写作业的老毛病又犯了，老师很失望。"他不说话，我拿出手机开始拨电话："妈妈不陪你写作业了吗？我向你家长了解一下。"突然，他的一个动作让我很吃惊。他把我的手按住，不让我打电话，略带口吃（他说话本来就有些结巴）地说："老师，不…不要打电话给我家长。"我问他为什么，他停了一下，说："爸爸要怪妈妈没管好我，那妈妈也会经常对我发火。"我有些同情，我也为人母，我知道孩子对父母的期待是每天疼爱多一些，发火少一些。尽管这样想我还是尽量理性地讲给他听："你妈妈每天要上班，要管理家务，还要陪你写作业，多么辛苦啊，你如果体谅妈妈的话，就应该认真完成作业。"他轻声说："前天，爸爸跟妈妈为我吵架了后，妈妈就不愿陪我写作业了，她说，随便我，作业不做就不做，没出息就没出息，让我以后被人看不起。"我顺着他的话问："你害怕让人看不起吗？""嗯。""那没有妈妈的陪伴，你也照样完成作业啊！"他小声嘟囔着："老师，我很想进步，可是我自己也不知道为什么没有人陪着就不想做作业。"我明白了，他不是懒惰，是心理问题啊，他很小的时候亲生母亲就不在身边，有了后妈，就特别依赖她，从一年级开始就要妈妈每天陪他写作业，只要离开一刻就不能单独完成。怎样才能让他戒掉这种心理？我思索了一会儿说："老师不打电话给你家长了，可是我有个要求，从今天开始你每天到老师旁边写作业好吗？"他有些不懂地看着我。我继续说："老师陪你写作业，你每天放学后带上要完成的作业准时来办公室。"他高兴地应了声"好"，然后飞跑出教室。

第一个星期我让他就在我旁边写作业，我不时指点他几句，他很聪明（语、数成绩都能考到优秀），完成作业的速度也蛮快。

第二个星期，我把他安排在隔壁办公室做作业，只是在中途过去看了四五次，他完成得也不错。

接下来的两个星期，我把他带回家让他单独在我的书房里做作业，只在开始吩咐几句，他写完后检查一遍。很顺利，到最后我只需检查他完成的作业就可以了。

我让他回家单独完成作业，想试试这一个多月努力的效果。我对他说："章永杰，老师看到你这一个多月很认真，今晚你回家单独完成作业，你要想着老师一直在旁边看着你。"期待中，他按时交上了作业，字迹工整。并且这种好现象一直延续到今天。

我欣喜若狂，学生好比种子，我把充足的土壤、水分、肥料、空气和阳光浇灌在他身上，最大限度地理解、宽容、善待了他，章永杰也能感受到我对他的关心和期望，自觉配合着我，接受我的帮助，终于步入属于自己的新天地。

【镜头回放2——期中】

转眼到了期中测试，章永杰从原来的41分提高到了59分，我在班上特意表扬了他，并且说，按照惯例，我会把期中成绩通过校讯通发送到你们家长的手机中。下课时，章永杰很着急地追了上来："老师，求求你不要发送我的成绩，等我考到60分再发送好吗？"我停下脚步，说："你不是进步了很多吗，家长看了会高兴的啊。"他认真地说："我的目标是考及格，我要让妈妈刮目相看。妈妈以前总跟爸爸说，要我的英语考及格，除非太阳从西边出来。"我很感动，还没等我说话，他又说："我想让太阳从西边出来一次。"我认为不发送成绩是不可行的，我想到了"借分效应"，于是我说："成绩呢，老师一定要发送的，但我先给你垫上1分，这多发的1分，我不是送给你的，你一定要还的哦。"他很高兴地说："谢谢，等我考上60分我一定会还的。"我说："老师相信你为了这1分会努力的，我愿意冒险帮你这一次。"他又开始结巴："Miss Feng, than... thank you very much."

我头一次向家长虚报了成绩，但我坚信这是值得的，因为这1分会动力无穷。老师的期待与宽容会给学生留下美好，能让学生在春风化雨中拥有无穷的力量。

不负所望，在接下来的几个单元测验中，章永杰的成绩一直稳固在70分左右。我从每堂课中看到他脸上都写着自信、快乐与认真。"教育是人与人心灵上的最微妙的相互接触。"爱心可以点石成金，沟通可以温暖心灵！

世上每一朵花的习性都不一样，可能有的喜欢阳光，有的喜欢水；有的喜欢夜间开放，有的喜欢沙漠中成长。所以对不同的孩子，我们要用不同的教育方法，要"因材施教"，每个孩子都有他们的亮点和巨大的潜力，只有用智慧去处理问题，用爱心与学生交流，学生才能快乐成长！

【镜头回放3——教师节工会活动】

今天，教师工会活动举行全校教师一分钟跳绳比赛，学生们都来观赛，我在预备跳前的几秒钟，听到章永杰的大吼："Miss Feng，加油，你是我心中的number one！"我咧嘴一笑，随着哨声飞快跳起来，我不敢慢下来，即使到后半分钟气都喘不上来。我知道章永杰他们看着我，看着他心中No.1的表现。我越跳越快，是心中洋溢着的那股幸福泉流激励着我。当广播宣布我跳出全校第三的成绩时，章永杰高兴地跑到我面前说："哇，我早就知道Miss Feng会跳得很棒的。"我拍拍他的肩膀，兴奋地说："我俩都很棒啊！

哦，我的学生也学会用我曾经鼓励过他的方式来鼓励老师啦。我的心头一直跳动着一种愉悦和一片灿烂，愉悦着那个No.1的感动，灿烂着那个No.1的辉煌。它如蒙蒙细雨，湿漉漉地滋润着种子的梦境；如融融春意，暖洋洋地慰藉着我的心灵。

【结语】

爱是教育的核心，老师对学生的爱越生动，师生之间的感情就越丰富。真爱学生，才会低着头，弯着腰，与学生进行心灵的交流，才能从每位学生身上找到金子般的闪光之处；真爱学生，将不吝于对学生的赏识，对学生的优点和长处，始终抱着一颗欣赏和赞美之心；真爱学生，将小心地呵护孩子的梦，而不会做一个"偷走很多孩子的梦"的小偷，将用赏识为孩子提供梦想成真的自信和拼搏的激情；真爱学生，才懂得"漂亮的孩子人人喜爱，爱难看的孩子才是真正的爱的道理"；真爱学生，会清醒地承认学生的差异，会批评学生存在的不足和缺点，但是心中牢牢刻下的是"尊重"和"宽容"。

其实，教育的实质就是师生两颗心愉悦的碰撞，在碰撞中老师与学生建立起了相互的信任、尊重和理解。我的孩子啊，老师会为了你心中的 No.1 继续做一名认真从教、理解学生、宽容学生的好老师，并且继而成为不只是你一个人心中、而是所有学生心中的 No.1。

纠错也要重操作

胡琼斐

在日常教学中,特别是在学生的作业反馈中,我们看到最多是那一个个X和那一道道的错题。在这些错题里,有些是很简单的计算或很简单的问题,由于学生粗心做错的;有些是由于学生课堂知识没掌握,不会做而做错的;有些是由于对曾出现过的错误纠错不彻底、落实不好而留下的"后遗症"。

在我的日常教学中,也遇到过这类现象。

例如,我班上有一名同学小应,退位减法没学会,之前不退位减时 $15-3=12$,这天学了退位减法,作业里的所有退位减法的答案都成这样了:$15-8=17$,$14-8=16$,$12-9=13$……

小应就是因为课堂知识没掌握好而出错的。针对这个孩子的情况,我无语的同时,又以"$15-8=17$ 为例"给他把这类的算法讲解了一遍:15 可以分成 10 和 5,把 10 去减去 8,还剩下 2,然后把这个 2 和 5 加起来就是 7。讲完问他懂了没有。小应点头说懂了,然后拿着跑去订正了。

一分钟后,小应跑回来给我批改,这次全对了。我觉得很满意!于是给他再出几题,好巩固下,于是我拿了口算本,让他完成一列此类口算。

不多久,小应做好题,拿给我批改。拿到作业,我一下傻眼了!这列口算中有进位加法,也有退位减法,但所有的退位减,这个孩子又错了!

怎么刚才好好的,这次又错了呢?

我又尝试引导孩子说一说怎么算的,在我的帮助下,孩子会说了,当他再次订正时,我又让他完成一列题目。这次的结果比上一次好,但其中还有几题退位减法，小应又算错了。

这下我也没辙了，于是我给了小应一捆小棒，让孩子回去先用小棒摆一摆，说一说。自己又翻阅教参，想想用什么形式讲小应才能懂呢？

还没等我理清楚怎么讲解给小应听好时，小应却告诉我，他明白了。他不但订正对了错题，还告诉我他是怎么想的。

幸福来得太突然！但看着这样的小应，看着他摆的小棒，我也突然明白了怎么教，孩子才会明白。

在操作中，帮助学生理解题意，讲解原理，分析错误原因，才是纠错的关键。一个学生如果能自己独立边动手操作边学，才是学生学习的法门。"教、学、做"是一件事，不是三件事，教与学之所以能统一，就是统一在"做"上；只有在"做"上教的才是教师，只有在"做"上学的才是学生。教师拿做来教，乃是真教；学生拿做来学，才是实学。

一次突发事件引发的思考

吴 俏

在信息技术课堂上经常会听到这样的声音：

"老师，我的鼠标动不了。"

"老师，这里我不会。"

"老师，×××同学老是捣乱。"

"老师，这个太简单，太没意思了。"

……

在信息技术课堂教学过程中，往往不可避免地会遇到各种各样的问题，甚至发生一些完全出乎教师意料的事件，这就是所谓的"课堂突发事件"。在我一次准备县公开课的试教课上，就出现了一些突发状况，让我记忆深刻。

那节课是五年级第十一课《艺术字标题》，要求让已经掌握了插入剪贴画和来自文件图片方法的学生，学会在 WORD 中插入艺术字；掌握利用艺术字工具栏的编辑文字、艺术字库、格式、形状、环绕方式等按钮调整艺术字。小学信息技术课程标准中规定，小学信息技术主要任务是培养学生对信息技术的兴趣，提升学生相互协作的能力。于是，我精心安排了学生喜欢的"喜羊羊"这个卡通人物，让学生在欣赏"喜羊羊与各地景点海报的合照"创设的情境中，通过设计"宁海欢迎您"宣传海报这一任务驱动，逐步使学生掌握插入艺术字和调整艺术字的方法。为帮助学习基础和能力较弱的学生，我采用小组合作的方式减少他们的学习难度，并以小组竞赛的形式提高他们完成任务的积极性。我自认为课堂中的一切准备非常充分，每个环节也设想得非常周到，接下来便开始了我的教学过程。

第一个教学环节"创设情境，引入艺术字"，如我所愿，通过欣赏喜羊羊与各大景点的合照，引出艺术字的特征和应用，形成了轻松的课堂气氛，使学生一开始就处于积极的状态中，顺势提出为喜羊羊制作自己家乡的宣传海报，激发了学生的制作欲望，这使我很高兴。接着就顺利进入了第二个环节"揭示课题，明确任务"，一切都按着我的预想进行着。但心里正美着呢，却发生了令我始料不及的事情。每项任务的完成我都是以小组合作的形式进行比赛，要求是每组的每个人在规定的时间内完成任务，完成一个就可以为本组赢得一颗五角星，目的是鼓励大家互相学习，养成合作学习、互相帮助的好习惯。

这一任务是第三小组首先全部完成，他们小组顺利地为自己组赢得了6颗五角星，抢先占领了第一的位置。其他七组当然是不服气了，这时就听到第一小组的小组长轻声地对我说："老师，他太慢了。"他用很嫌弃的表情指着旁边的同学。我没太在意，只是随意说了声："你帮帮他。"接着第二个任务开始了，一起完成"修改海报"的任务。这一任务第六小组的同学抢先全部完成，还没等我宣布结果，第一组的小组长站起来气呼呼地说："老师！我们这组不要他了！你把他分到别的组吧！"我愣了，全班静了，教室中听课的老师也静了，所有人的目光都朝向了那个"他"。顿时我无言以对，不知所措，同时心里暗自庆幸还好是一堂试教课，不是正式的公开课。只看"他"满脸通红，头恨不得低得再低些，如同犯了不可饶恕的大罪似的。是啊！孩子们把集体的荣誉看得比什么都重要，是他影响了整组的成绩，当然会有身负重罪的感觉了。我走到了这个同学面前，细声地问他："你不会这些操作方法吗？"生答："会"。"为什么总这么慢呢？"生答："我也不知道，总是感觉追不上其他人。"通过这两句简单的谈话我知道他的性格内向，做事慢。我的目光转向了小组长："知道老师为什么要把同学们分组活动吗？"生答："为了让我们互相帮助。""非常好，如果每个同学操作的速度都一样快。那我们还用分组，还用互相帮助吗？"生答："不用，老师我知道自己错了，刚才实在是太着急了。"话音刚落，教室里响起了一片掌声。我笑了，没有说再多的话，只是接着进行以下的教学活动。课后静下来，我思考了很多……

信息技术学科是一门操作性很强的学科，信息技术教学，注重的是学生的自主探索，协作能力的培养，教学过程中的变数要比其他学科大，操作结果经常会出现背离教师预设的情况。所以，每位授课教师，在自己的课堂教学中，或多或少会遇到一些"突发事件"。对此，若处理得好，则会风平浪静，海阔天空；若处理得不好，必会招来是非，甚至会影响师生的情绪。如同上面的例子，如果在小组长第一次向我提出嫌同组同学慢，当时我再多一些细致的开导，就不会有接下来的"突发事件"，也就不会使这两位同学都感觉到尴尬。课堂教学是师生在教室特定情景中的交流和对话，是动态变化的，随时都可能出现教师备课考虑不周的情况，所以我们要求认真备课，强调充分的准备，尽可能估计到课堂教学中可能出现的种种情况和问题，在课堂上要处理每一个你眼中的小事。特别在我们的信息技术课堂教学中，因为涉及教学对象的多差异性、教学内容的多灵活性、教学环境的多不稳定性等诸方面的因素，课堂教学的备课尤显重要。只有教师坦然面对课堂中的偶发性，积极应对课堂中的意外或问题，课堂才会有弹性和活力。这势必要求教师具有一定的应变能力。只有首先辩证地认识课堂教学中出现的意外情况，才有可能科学地把握课堂教学、处理课堂教学。

通过这个案例特总结以下几点处理突发事件时的注意事项：

1. 要及时：一旦出现特殊情况，教师要迅速及时地进行处理，否则会严重影响课堂教学秩序。我在这堂课中处理得就不及时。

2. 要理智：课堂上发生的突发事件往往出人意料，让人心烦，但教师面对课堂上的突发事件切忌急躁、冲动、感情用事，而必须做到沉着冷静、判断正确，感情要克制，行动要果断，处理要谨慎。

3. 要有艺术性：教师在处理突发事件时，首先要机敏、迅速而准确地判断问题，然后再因势利导，恰当、妥善地解决问题。

4. 要有教育性：课堂中的突发事件往往对课堂教学造成消极的影响，教师在处理时，要切忌"以牙还牙""以毒攻毒"，或把全班学生当作"替罪羊"，大吼大叫；而应以真诚的爱心去感化学生，真切、自然地去肯定学生的长处和闪光点，从而使学生自觉地改正错误，化消极为积极，达到教育全体学生的目的。

做儿童阅读的点灯人

秦彬彬

1999年我以优异的成绩考取了宁波师范,还清楚地记得第一堂课班主任表扬了我,因为我和另一个同学的中考语文成绩在班级里排第一。可这股自豪感并没有持续多久,我就陷入了深深的自卑。因为到那里之后,我才知道有课外书,班级里的所有同学都是在课外书的陪伴下成长的;而我却是到了这里之后才知道有"课外书"的,求学以来陪伴我的只有学校发的课本。而我又选择了文科班,一个从没有读过课外书的女孩选择了文科班,结果可想而知。课堂上我越来越听不懂老师的讲课,成绩也变成了中等。我感到了一种前所未有的无助。我想改变这个局面,可又不知道该从哪里下手。

2003年开设了一门课程:儿童文学,同时为我带来了一盏"指明灯"——教授儿童文学的陈老师。她是儿童文学的研究者,她引领我走入了美好、纯真的儿童文学世界。我立时犹如抓住了救命稻草,去宁波市的各个书店搜罗陈老师推荐阅读的书籍。但她为了追求自己的理想,教了我们一年之后就离开学校,去上海师范大学读儿童文学研究生了。我为此感到依依不舍,感觉手中的稻草又没了;可同时她的离开又深深激励着我,她已经过了而立之年,却还在为理想努力,我作为学生难道不该比她更努力吗?至此我暗暗下定决心,要尽自己的努力让农村的孩子都能看到"课外书",做儿童阅读的点灯人。

为此,我尽力和陈老师保持联络,毕业论文我坚持选择了《窗边的小豆豆——文本解析》,并争取学校的同意,让陈老师作为我的指导老师。但由于水平有限,论文我并不满意,但陈老师对我很宽容,她希望我工作后能坚持自己的理想!

工作第一年,我怀着雄心壮志,开始为理想努力。我接手的是一群四年级的孩子,我从自己的书柜里精挑细选了一些课外书放到教室的图书角,供学生阅读。但由于我不是班主任,我不能留出更多的时间指导孩子们的阅读。但令我欣喜的是,虽然如此,还是有好几个经济条件好点的孩子开始自主阅读,让我帮忙买一些课外书。有好几个孩子一直到初二,还让我帮忙买书,其中有一个孩子一天和我聊天时说起,每次语文测试她的课外阅读都是正确的,错就错在基础。那时的我听完后心中不由得喜忧参半,喜的是孩子的阅读能力很强,忧的是孩子以后的成绩应付不了升学考试怎么办?

工作第三年我接手了一群一年级的孩子,并且当上了班主任。我开始利用手中的"权力"倡导孩子们去阅读。针对一年级孩子形象性强的特点,我打算从图画书入手。我自费从网上买来了一本本精美的图画书。刚拿到手时我很诧异,就那么几幅简简单单的图画要20多元一本,真的好昂贵啊!我自己先开始阅读图画书,然后根据实际争取每星期让孩子们阅读一本图画书。我每周开一节阅读课,课上我引领着孩子们和我一起看图画书,我一页一页地翻,孩子们一页一页地看,偶尔我故意卖个关子,让孩子们先自己想象一下,再来看书。课上讲过的图画书课后就会摆在班级的图书角上,孩子们可以在空闲时间自由阅读。

孩子们就在图画书的陪伴下渡过了一年级,接下来,我开始让孩子们阅读带有拼音的儿童文学作品。我让孩子们阅读的是梅子涵的"戴小桥"系列,杨红樱的"马小跳"系列,新蕾出版社的"国际大奖"系列。在别班的孩子拼命做试题的时候,我的孩子却坐在教室的图书角津津有味地看书,好些孩子甚至一下课就到图书角那里看书。孩子们的表现让我的心中充满了幸福感,可就在我对孩子们充满信心的时候,老天却给我一个天大的打击,让我陷入迷惘之中。

三年级县里有一个童话故事的写作比赛,即提供几组词语,参赛者只要根据这些词语编一个童话故事就行。我自认为在我的培养下,我班孩子的想象力绝对不会比其他班差的,只会比他们好。但现实却是我的孩子不仅仅比别人差,而且是差很远,其他班都有获奖的学生,我班却一个也没有。听到这个消息,我真的好像天打五雷轰。原来我这几年让孩子们看的书一点作用也没有，我还有必要坚持自己的理想吗？我自己根本没有能力去做这些事啊！现实已经明明白白地告诉了我，我的理想即将变成泡沫，消失了！

现实生活中没有一个同事认同我的做法，我坚持了几年突然感觉好累，身心俱疲，我为什么不像他们那样当个"教书匠"呢？那样的日子既简单又轻松。我想放弃了，真的无力承担了！

于是我给陈老师写了一封 Email，诉说了自己的苦恼，流露出了想放弃的念头。其实我心中还保留着一丝希望，我希望能从陈老师那里再次汲取精神力量，让我可以坚持下去。但老天又给我开了个玩笑，那段时间的陈老师正在为读博士奔波，没有多余的时间去看 Email。我再次陷入深深的思考之中，我只能靠自己去想明白了。

我开始静下心来梳理工作以来我所做的一切，在梳理的过程中我想通了，我不愿意做个"教书匠"，我不愿意过那样的日子。我喜欢看到孩子们听完讲故事时好奇的样子，喜欢看到孩子们静静坐在教室看书，喜欢看到孩子们跑过来问过："秦老师，这星期我们看什么书？"喜欢听到孩子们大声交谈着："我喜欢某某书中的某某某。""我也要让爸爸给我买某某书。"……我理想的初衷不就是为了孩子们嘛？怎么可以给孩子们那么大的压力，怎么可以把阅读"功利化"呢？孩子们觉得开心、快乐不是我最大的幸福嘛？恰好这时，陈老师又给我打了一针"强心针"，她在 Email 中肯定了我这几年所做的坚持已经难能可贵了，并告诉我：每一个走在路上的人都会遭遇迷惘，希望我跟着自己的内心走，多问问自己到底要什么，坚持理想就要耐得住寂寞和孤单！

工作第六年我又迎来一群一年级的孩子，我重新出发。我给孩子们阅读图画书，让孩子们自己创编故事，把它变成写话作业。努力挖掘图画书的想象空间，让孩子们一边阅读一边发挥想象力，最后再转化成自己的语言。我只为孩子们爱看书、爱听故事的表现高兴，不再给自己套上功利的帽子。带着一群可爱的孩子，纯纯地看一本本美美的图画书。

暑去寒来，我已经工作 12 个年头了，为了心中的理想，我一直坚持着。我不知道自己能坚持多久，但我一定会尽力的。做儿童阅读的点灯人是一个很宏大的目标，我只希望自己可以让教过的孩子爱上阅读，享受阅读所带来的甜蜜与快乐。

和谐关系，孕育教育"亲和力"

王月辉

一天上课时，我发现班上的一位学生一直在与旁边同学说话，别人不理他，他还是不老实，前后左右地顾盼。他在我印象中是位好同学，我心头顿时生起了一股怒气，对他发出一声严令："为什么在课堂上乱讲话？站到前面来。"可是他没有站出来，默默地坐在椅子上，低着头。我更生气了，提高了分贝："听见没有？你还不站出来？"整个教室都陷入了一种沉闷的气氛当中……

以往在楼道里遇见我，他总会向我问好，但是这件事过后，他常常是低着头匆匆走过，显然我的那道严令伤了他的自尊心。师生之间竟然到了这样剑拔弩张的地步，这是教育的失败。过后，我才意识到，我光站在自己的立场上，没有考虑到学生的年龄与性格特点，平时不了解学生的情况，妄断行事，才导致了师生之间的矛盾。我决定放下教师的架子，向他主动道歉。

一天中午，我见他在操场扔沙包，便走过去对他说："我们谈谈好吗？"他没有拒绝。我先作了检讨："那天老师对你的态度是有点过火了，老师向你说声对不起。"他依旧没有说话，但是他惊讶的眼神告诉我，我的道歉起了不小的作用。我接着说："因为你在老师的印象中，一直是一位挺不错的好孩子，可是你却在课堂上乱说话，令老师很失望。你有没有认识到自己错了？"他点了点头。他告诉我，那天他与同学讲话不对，也知道自己错了，所以他觉得很难堪，不知道怎么办，不敢站出来……

第二天，课堂上他听课格外认真，回答问题也较以前更加积极了。以后他的表现一直很好，对我也格外喜欢，对数学的学习也更有兴趣了，有什心里话都找我说，就这样，课堂外的我成了她的好朋友。通过这一次心与心的交流，我觉得师生之间的矛盾已经彻底解决了。我们有种传统文化观念叫"亲者严，疏者宽"。做老师的，守在师道尊严里，认为老师对学生严厉是恨铁不成钢，挖苦几下也没有什么关系。这常会使我们走入一种人际关系的误区：这个人与你关系越亲近，你对他就越不宽容。而师生关系中，学生最需要的恰恰是来自于老师的宽容。经过这次事件，我似乎有所感悟：和谐的师生关系，孕育着巨大的教育"亲和力"。

　　在学校里，学生犯错是正常现象，问题是教师如何对待犯错的学生，是简单粗暴为求一时的"平静"，还是冷静分析，找到根源，放下架子，向学生敞开心灵的大门。师生在教学过程中难免会产生一些摩擦，发生一些矛盾，难免会陷入一些困境。对此，教师应努力提高自身素质与修养，竭力控制自己的情感，遇事要心平气和，多一点关爱，多一点宽容，自然能减少师生的冲突和摩擦，从而建立起真正民主平等的师生关系。

第三章 03
研训案例

"照镜子""过电影",把自己的教学一览无余地再现,用新的观点进行严格地审视,客观地评价,反复地分析。教学过程中的是非曲直,都能由模糊变得清晰。能使教师把某些教学问题认识得比较深刻,解决得比较恰当,利于教师总结成功的经验、接受失败的教训,看清自己的长处和不足。撰写教学案例的过程,就是重新认识教学事实的过程,就是反思和研究的过程,就是总结和提高的过程。

研训主题，精心设计课堂练习，落实"语用"

杨书姣

研训背景意义

《语文课程标准》指出："语文课程是一门学习语言文字运用的综合性、实践性的课程。"然而，我们的语文教学一直存在"高耗低效"的问题，教师花的精力不少，学生学习的时间也不少，却收不到很好的效果，高考作文中错别字和语言不通的句子、混淆不清的结构比比皆是，这些告诉我们，我们的语文教学并不成功。原因为何？原因就在于语文教学尚停留在语形、语法和语义的教学上，而没有真正落脚在"语用"教学上。

语文课程首要而核心的目标是"培养学生的语言文字运用能力"，也就是说要突出"语用教学"。所谓"语用"就是能在一定的语境中正确、合理、妥帖地进行表达，并将已学过的字、词、句、段、篇等内容，根据语境的需要加以规范，恰当、个性地运用。

语文的知识点如浩瀚的大海，字、词、句、段、篇，样样都不能忽略，这就容易使语文老师在讲课时出现"满堂灌"的形式，老师讲得多，讲得细，面面俱到，而学生只是被动学习，被老师牵着鼻子走，遏制了学生的思维。学生读、思、讲、议的时间不够，练习的机会就只好压到课后去；有的老师课堂练习所用的时间不超过5分钟，大多采用口头练习形式。语文练习存在的问题是练习量少,忽视思维训练,练习形式比较单一,重模仿、轻创新等。

长期以来,我们的语文教学对课堂练习设计有所忽视,这也成为语文课堂高耗低效的一个重要原因。

研训过程描述

"精心设计语文课堂练习,落实语用"教研活动在本校举行,首先,由青年教师戴蓉执教的《黄鹤楼送孟浩然之广陵》拉开了活动的帷幕。戴老师巧妙、精心设计课堂练习:"烟花三月"是多么迷人的景色啊!先让学生写写春天的美景,然后想象诗人与好友会怎样告别,会说些什么?引导学生对照插图,发挥想象,将送别的情景跃然于纸上。把古人的诗句改为今人的文章,使学生更好地理解了诗意,体会了诗境,又训练了学生的写作能力,为学生提供了充分练写的时间,受到了听课教师的一致好评。

接着,由青年教师陈光德讲授《秦兵马俑》。文本中有许多优美片段用了典型句式,陈老师在阅读训练中注意挖掘资源,精心选择读写结合点,让学生进行仿句练笔。选出供学生仿写的句子有:"它们神态各异:有的……好像……;有的……好像……",这一举措不但使学生实现了对课文经典语句的有效掌握,而且使学生在模仿中形成了自己独特的语言风格,提升了对语言文字的运用能力。

然后,由全体语文教师集中讨论评价这两堂课,每位教师各抒己见,谈课堂的闪光点及不足之处,活动进展得很顺利。

最后,由语文名师顾亚莉校长就"精心设计语文课堂练习,落实语用"的教学工作做了专题讲座。顾老师告诉我们"好记性不如烂笔头",课堂练习是保证和检测学生知识获取率的有效途径,每节课学生即时训练时间不得少于10分钟。练习可以采取口头或书面形式。

那么练习什么?用怎样的方法练习才能使语文教学更加扎实有效?顾老师谈了几点做法:

一、落实课堂中基础知识的有效练习——听写

语文课中,在老师的引导下学生学了生字词,但学生在课后的语文作业中仍会写错不少字词。教师可以在课前布置任务,让学生自主预习生字词,课中通过听写及时发现易写错的字词,将问题在课堂上及时解决。因此在课堂上听写是提高教学有效性的必要途径。内容可以是:(一)听写词语;(二)听写或默写句子;(三)听写精彩段落。

二、落实课文内容理解的有效练习——概括主要内容

崔峦说:"语文教学一定要删繁就简,要返璞归真,简单实用,提倡简简单单教语文,本本分分为学生,扎扎实实求发展。""简单不是草率,不是省事,是要改变面面俱到地分析课文内容、或离开课文语言挖掘人文内涵的教学套路,依据阅读教学的基本规律,突出语言的理解、积累与运用,来构建简约、实用的阅读教学。"我们的学生,概括能力和理解能力都比较薄弱,所以学习一篇课文都要让学生练习用最简便的方法来概括课文的主要内容。方法有:(一)题目扩展法;(二)要素归纳法;(三)段意合并法;(四)摘录句段法。

三、落实课文内容的拓展和升华的有效练习——课后十分钟小练笔

苏霍姆林斯基指出:"儿童的智慧在指尖上。""动脑又动手,才会有创造。"小练笔可以让学生的想象能力得到发展,是听说读写能力的综合体现。课后十分钟小练笔就是在语文课堂教学中,在分析完课文后让学生随机地学写一些小片段、小段落。它具有篇幅小、形式活、花时少、见效快等特点,篇幅虽小,但可以挖掘文本资源,开辟练笔天地,发掘学生的语言思维。其形式主要有:(一)仿写典型句式,训练遣词造句的能力;(二)仿写精彩片段,训练精心构段的能力;(三)续写课文,训练想象能力;(四)改写经典诗词,训练领悟诗境的能力。

四、开阔课堂中知识面的有效练习——开发课程资源

(一)课前查资料;

（二）摘抄读书笔记；

（三）当导游、表演课本剧；

（四）合理利用网络。

五、让每个学生都享受到成功的乐趣——难度适当，练习适量

"精心设计语文课堂练习的有效性"教研活动在顾校长的精彩讲座中落下帷幕。这次教研活动提升了师生的语文素质，让全体语文教师深受启发，开拓了教师的教学思路，为提高教师的课堂教学能力提供了强大助力。

赏析与商榷

本次研训活动中两位年轻教师的许多地方值得我们学习。

一、注重学生学习兴趣的激发，营造和谐的课堂氛围

学习是学生的自主行为，我们的教学更重要的是唤醒学生主动参与学习的意识，使学生产生学习需求。两堂课在教学中气氛和谐、宽松，师生合作、生生合作、平等讨论、相互补充的气氛极浓。充分体现了师生间的民主合作性，给了学生充分展示自己的机会，张扬个性的机会，使他们可以无拘无束地表现自己的感受。让他们在言语实践中学习语言，在积极思维中发展思维，在交流表达中提高表达能力。

二、把握课堂练笔的有效时机

两位老师都是在学生们学习了文本的基础上安排小练笔的，把握住了小练笔的最佳时机。戴老师在讲授"烟花三月下扬州"时，先让学生欣赏了春天的美景，再让学生写写春天的美景，最后让学生想象诗人与好友会怎样告别，会说些什么？引导学生对照插图，发挥想象，将送别的情景跃然于纸上。陈老师在学生们学习了《秦兵马俑》"神态各异：有的……好像……；有的……好像……"后让学生仿写句子，不但使学生实现了对课文经典语句的有效掌握，而且使他们在模仿中形成了自己独特的语言风格，提升了对语言文字的运用能力。既培养了学生的想象能力和写作能力，也让学生更好地巩固了文本的内容。

三、练习的时间充分，注重点评、批改

两位老师都能选出不同水平学生的小练笔，及时点评。对学生的评价和鼓励很及时，课后将每个学生的小练笔都收上来进行批改，增强了练习的有效性。

但是，值得注意的是，课堂练习的设计要体现层次性。学生是有差异的，有差异的学生做无差异的作业，势必会出现有的学生"吃不饱"，有的学生"吃不了"的现象，学生语文能力的发展也会受到遏制。老师在进行作业的设计和布置时，也可以给学生开设一个"自助餐"，让学生有更大的选择空间，使各个发展水平的学生，都能较好地参与作业，更好地提高语文素养。

反思与改进

活动后反思我自己，意识到由于我对语文课堂练习的随意性，对练习时机、方法的不当把握，导致课堂练习形式呆板、重复、单一，也使教学效果大打折扣。"精心设计语文课堂练习，落实语用"这次研训活动使我受益匪浅。我明白了课堂练习是提高教学质量的关键，课堂应该实在一些，要尽量在短短一堂课里创设些有效性练习，落实语用，努力让学生学到更多的知识，更多的方法。今后，我要从以下几个方面改进语文课堂练习：

一、课堂练习的内容要紧扣教学目标

教学目标是一切教学活动的出发点和归宿，因此我们在设计课堂练习题时，首先要围绕课标要求和教师用书，制定出适当而明确、具体、易操作、易检测的课时目标；而后再深思熟虑，围绕教学目标设计练习题，指导学生进行语言文字训练，逐步靠拢目标，最终达到目标。

二、课堂练习的设计要突出重点

一堂课 40 分钟，时间有限，要在有限的时间内达到练习的效果，就要求教师精心设计课堂练习，突出重点。语言文字的训练是多方面的，在字词句段篇、听说读写众多的训练中，既要抓常规的练习，又要集中精力突出重点练习。所以我们每节语文课都不要贪多求全，可以根据单元训练重点和所教课文的重点，设计练习，让学生的练习有实效。

三、课堂练习的形式要丰富多样

练习的形式应该是多样的，提问、小测、竞赛……都可以成为练习的形式，而且练习也必须是多样性的，否则学生的兴趣就会消失殆尽。

四、作业评价要多元化

对学生的作业进行科学、全面的评价，能起到激励教育的作用。"用发展的眼光看孩子"，在评价学生的作业时力求多元。

当然并不是每一节课都必须有课堂练习，练习还是要根据课程的内容来决定，练习毕竟只是手段，内容才是中心。

"教者有心，学者得益"。精心设计有效的课堂作业，能让"语用"落到实处，能有效地激发学生学习语文的积极性，培养学生的想象、创造能力，拓展学习语文的空间，更好地解放学生的大脑，从而为学生撑起一片自由翱翔的天空！

"土壤中有什么"教学实践与思考

徐晓静

研训背景意义

土壤对于学生来说是非常熟悉的,但是他们可能很少会去考虑土壤是从哪里来的,更不会想到它来源于岩石。本课活动是在上一课内容的基础上,重点指导学生观察分析土壤的成分,去寻找土壤来源于岩石风化和生物作用的证据,同时帮助孩子们认识土壤对生命的意义,更为后面学习土地的侵蚀做好铺垫。

土壤覆盖在地球岩石圈的表面,它的形成是岩石的风化和生物作用的结果。在多种外因作用下,整块的岩石风化成碎石,碎石继续变化就会变成越来越小的颗粒,当腐烂的植物和动物与岩石碎屑混在一起时,形成的混合物就被称为土壤。在土壤中我们很容易找到岩石变化留下的痕迹以及动植物的残体。土壤和岩石非常容易受到侵蚀和沉积作用。寻找土壤成分的沉积实验不仅有助于学生了解土壤里有什么,而且使学生对沉积现象和分层沉积形成初步认知,为下面几课的学习做一些铺垫。本课内容主要分为两部分:第一部分是"寻找土壤的成分";第二部分是"土壤和生命"。我选择四年级的孩子来学习这部分内容,所以我在教学过程中降低了部分教学内容的难度,把重点放在探索土壤颗粒的观察上,因为土壤颗粒由粗到细,尤其是里面还有小石子,对土壤颗粒进行观察能更容易使孩子们想到土壤是岩石破碎形成的,这样就可以帮助孩子推测土壤是怎么形成的。沉积实验在本课中也是非常重要的,不仅为孩子们提供了新的研究土壤颗粒的方法,同时也帮助孩子们认识到土壤由于其颗粒的组成成分,所以是非常容易被侵蚀的。

新的课标中提出学习目标:知道土壤是地球上的重要资源;知道组成土壤的主要成分;观察并描述沙质土、黏质土和壤土的不同特点;举例说出沙质土、黏质土和壤土适宜生长的不同植物。为了达成这个学习目标,在教学设计中让孩子们亲手摸一摸,闻一闻,利用筛子观察粗细颗粒不同的土壤,沉积实验不仅帮助孩子们更加清楚地看到土壤颗粒的粗细,动植物的活体和残留体,还能为后面土壤侵蚀的学习做好铺垫。

探究土壤的成分时,孩子们通过多种观察方法,能比较容易地发现土壤的颗粒成分是粗细不同的,在土壤中还有一些植物的根,落叶等,甚至有小动物,新鲜的植物。教师在引导学生充分观察之后,帮助孩子们一起构建土壤是由砂砾、沙、粉砂、黏土、腐殖质、空气和水等混合而成的这一科学认知。从而引导学生根据土壤的成分去大胆推测土壤是怎么形成的。让孩子们说一说土壤在地球上与我们之间的联系,从而体会到土壤是地球最宝贵的资源。

比如土壤中粗细不同的颗粒比例不同,会使土壤性质不同。不同的植物就需要种植在不同质地的土壤里。这与我们的生活联系很紧密。比如沙质土壤可以种植西瓜,壤质土壤可以种植水稻等。由于课堂上探究时间有限,所以抓住土壤成分的探究这一重点,将这一重点落实到位。

一、教学目标

(一)科学概念:

1. 通过本节课的学习能说出土壤是沙、小石子、黏土、腐殖质、水和空气的混合物。

2. 土壤为生物提供了食物和生存的空间。

(二)过程与方法:

1. 通过观察和实验推测土壤的成分。

2. 用沉积的方法把土壤成分按颗粒的大小分成几层。

3. 综合各种方法获得的信息,获得对土壤成分的正确认识。

(三)情感态度与价值观:认识到土壤对生命以及人类生产生活的重要

意义，体会土壤是地球上最有价值的资源。

二、教学重点

通过实验了解土壤是由岩石风而成的大小不同的颗粒、动植物残留体，以及腐殖质、水和空气等组成。

三、教学难点

土壤和人类的生产、生活有着密切的关系。

四、教学准备

12份干土壤样本，12份新鲜的土壤样本，白纸放筛子12份，250ML烧杯，搅拌棒12根。

五、教学过程

（一）课前谈话：

1. 分好小组，选好组长，记录员。

2. 科学课要做实验，所以小组会分工。需要小组长领材料，做完实验后负责整理保管材料。回答问题要大声。

（二）新课导入，引入探究问题：

1. 今天我们一起来探究土壤中有什么？

2. 说说看你打算怎么进行探究？

3. 你觉得可以用哪些观察方法去观察土壤呢？

（三）探究新知：土壤中有什么

1. 老师给同学们准备了一份土壤样本，一张白纸，还有一个筛子，提醒大家观察时别忘了记录。音乐响起以后整理材料，组长把材料收进抽屉。

2. 学生实验。

3. 交流。

生：筛子上面有小石头，白纸上的颗粒很细。

生：白纸上的颗粒摸上去很滑。

生：筛子上还有一些植物的根。

观察结束，音乐响起，请整理好材料，放至讲台前。

教师小结：通过筛子我们发现土壤里有粗细不同的颗粒。地质学家根据颗粒大小把土壤的颗粒分成砂砾，沙，粉砂，黏土。它们有一定的标准，请同学们看52面下方的资料。砂砾就是我们生活中说的小石子。

4. 观察可真是个好办法，有那么多发现。

5. 如果把土壤倒入水中，又会怎么样呢，想不想试试？

6. 请把2号袋子里的土壤全部轻轻倒入水中，仔细观察，记录你的发现。搅拌充分，静止后观察。

7. 分发材料，学生实验，并填写记录单。

小组交流

生：土壤沉到烧杯底部了。

生：有一些植物的根附在水面。

生：水面有很多泡泡。

生：水里有一只蚂蚁。

生：水变浑浊了。

8. 沉在底部的土壤从上到下有什么特点？

生：好像下面的是小石子，上面的比较细。

9. 为什么会这样呢？

生：应该是在沉下去的过程中大的比较重，先沉下去了。

10. 那现在还分散在水中，使水变浑浊的土壤颗粒大小可能怎么样？

生：应该更小。

11. 好了，同学们，经过这节课的探究，现在你能说说土壤中有什么吗？

生：大小不同的颗粒，动植物，空气和水。

12. 动植物残留体在土壤中后会腐烂，形成一种黑色的物质，我们称之为腐殖质，这是土壤养分的重要来源。土壤中还有我们没发现的成分吗？

生：微生物。

13. 土壤中的腐殖质正是微生物作用的结果。土壤还为动植物提供了生存空间，从而给我们人类提供了衣食住行的材料来源。

（四）大胆猜测：土壤怎么来

1. 认识了土壤的颗粒，有粗有细，大的像小石头那样，小得几乎肉眼都看不清楚。根据我们对土壤成分的认识，你们能猜想土壤是怎么形成的吗？

2. 科学家根据土壤成分的研究，以及文献资料的查阅，发现土壤可能是岩石长时间在自然界的作用下破碎形成的，这一过程我们称之为风化。那么土壤对植物动物有哪些作用呢？说一说。

2. 土壤在不同的地方，颗粒数量比例不同，土质也有变化，我们来看这两个植物生存的土壤，一样吗？不同的植物对土质有不同的需求。正是这个不同，使土壤能够孕育出丰富的食物，所以有人说土壤是地球最宝贵的资源。关于土壤，还有很多知识等待探究，我们今后再去学习。

六、板书设计

土壤中有什么

黏土

粉沙　　　　　　　　　　　混合而成

沙

沙砾（小石子）

水　空气

腐殖质　盐分 动植物残留物

赏析与商榷

本课在设计中突出了学生的主体地位。学生是学习的主体，教师是引导者，活动的设计者，所以课堂上，教师提供丰富的土壤样本，让孩子们动手动脑，积极探索，并及时记录自己的发现。

课堂活动丰富，既有观察实验，又有沉积实验，实验又紧紧环绕土壤成分的概念建构。在探究过程中，不断巩固孩子的观察方法，提升其表达与交流的能力。

实验设计中让孩子们利用筛子帮助观察，可以很清晰地比较土壤颗粒的粗细，孩子们通过用手捻的方法可以感受黏土颗粒。这样就很自然地建构起了土壤中有黏土颗粒的概念，不用在沉积实验之后挑去黏土颗粒进行感受，因为用后者，学生很难把握挑取的是否是黏土，也会受水的干扰。

在本课中，我还分别选取晒干的、新鲜的土壤块给孩子们观察，在比较观察中，孩子们就会思考我们身边的土壤到底是怎么样的，从而推测土壤中含有水分，小动物等成分。因为孩子们只有自己探究出土壤的成分，认识到土壤的颗粒，才会思考土壤是怎么来的。

　　课堂的探究需要教师及时评价以反馈孩子们的学习情况，所以在课堂中，我适当的利用评价推进孩子们的探究。在孩子发现干土壤和新鲜土壤颜色不一样的时候，我就评价：你观察得真仔细，那颜色的不同你能发现土壤中有什么成分呢？利用评价和提问，打开学生的思路，帮助孩子从现象中找到与问题相关的信息。在孩子们进行沉积实验观察之后，我提问说：从上到下颗粒大小都一样吗？利用问题来引导孩子们关注主要现象。

　　在实验课堂上，孩子们总会忍不住兴奋，导致实验效率低下。为了更好地调控课堂，使实验效果更好，我选取课前约定，小组分工等策略进行调控，在本课教学中也收到较好的效果。比如课前和孩子们约定铃声响起后实验结束，在组长带领下整理好实验材料。小组分工明确，具体责任分担到每一组内的每一位孩子身上，使课堂中每一个孩子都有事做。

　　课堂最后，我引导孩子们根据土壤的颗粒去大胆推测土壤形成的原因。这一个环节非常精彩，因为孩子们对这个话题兴趣非常的浓厚，他们不断地猜想、质疑，四年级的孩子没有学过风化，却能得出土壤的颗粒是岩石破碎形成的。这个小小的活动，展现了孩子们严谨的科学态度，同时也使他们的表达能力也得到了锻炼。虽然这个环节很短暂，收获却很大，孩子们能根据观察到的现象进行大胆推测。

反思与改进

　　孩子们对观察土壤的兴趣不是特别浓厚，但对沉积实验兴趣较浓。但由于沉积实验耗时较长，在本课中，沉积实验又是在观察实验之后进行的，所以时间不够充足，实验现象并不是特别明显，黏土颗粒还分散在水里，水质浑浊，干扰观察。

　　1. 为了使实验效果更加明显，可以调整两个实验的顺序。为了更好地观察土壤，让孩子们拿出两袋土壤样本，比较观察之后，说一说土壤中有什么成分。这样就可以得出土壤中有水分、动植物等，然后把新鲜土壤放进水里，充分搅拌，静置处理，记录发现。通过这个活动可以建构土壤中有空气,动植物及其残留体等。教师通过讲解腐殖质,帮助孩子建构腐殖质的概念。

2. 沉积实验的土壤尽量多一些,这样,沉积时效果更明显。通过反复实验,发现250毫升的烧杯装100毫升水,然后倒入土壤约500克,效果比较明显。

3. 实验记录单的设计也非常重要,及时记录现象非常重要。记录单不仅可以帮助学生观察,同时也帮助学生汇报,方便与其他组进行交流。所以我设计了如下记录单:

| 直接观察到的现象: |
| 过筛观察到的现象: |
| 放入水中观察到的现象: |
| 推测土壤的成分: |

直接观察孩子们自然是会的,两个土壤样本颜色不一样,学生很快就发现了,所以没有必要再让孩子记录,这样可以节约时间,把观察重点放后面,以提高课堂效率。其次,因为过筛的土壤干燥,沉积的土壤新鲜,所以两份分开观察、记录,这样在比较观察中能更明显的得出结论。所以我重新设计了实验记录单,如下:

| 1号土壤 | 过筛观察到的现象 | |
| 2号土壤 | 放入水中观察到的现象 | |

在录单的帮助下,孩子们很快抓住重点,对小学生来说,记录越简单越好,这样可以把更多时间放在观察上。

浅谈统编教材二下写话教学

俞云巧

研训背景意义

"写作是运用语言文字进行表达和交流的重要方式，是认识世界，认识自我，进行创造性表达的过程，是语文素养的综合体现。"课程总目标指出：要能具体明确、文从字顺地表达自己的意思，并能根据日常生活需要，运用常见的表达方式写作。二年级写话目标是对写话有兴趣，写出自己想说的话，写想象中的事物，写出对周围事物的认识和感谢；在写话中乐于运用阅读和生活中学到的词语；根据表达需要，学习使用逗号、句号、问号、感叹号。由此可知，写话在语文教学中占有非常重要的地位。对于二年级的学生来说，写话刚入门，是一个难点，学生一提到写话就感到头疼，无从下笔。有的学生为了应付，随便写几行字，或从某些书上抄几句；有的学生写的话乍一看还不错，书写工整且有一定篇幅，但只要仔细一看，问题就出来了，文不成句，前言不搭后语。关于写话教学，我在教学中认真摸索，认为写话教学首先在于培养学生的兴趣和自信心，这是重点；其次是重视阅读、说话，加强积累；再次是加强指导与训练。

在目前的研讨中，多数老师更加关注阅读、识字方面的指导，而在口语交际和写话教学方面却避而不谈，在课堂教学中碰到写话习作的内容时也是轻描淡写，老师们虽然知道写作指导的重要性却并没有花心思去研讨，导致很多老师越来越不会教，越来越不知道怎么教。孩子的写作也是仅凭自己的悟性，能写则写，能写出什么样就写出什么样，在方法的运用上有所欠缺。为此，针对大环境下的写作教学现状，特别安排了这次的统编教材写话教学研讨，初次尝试写话指导，大家都在摸爬滚打的路上前进。

研训过程描述

这次是统编教材二下的写话专场，推出了两堂课：一堂是写出喜欢小动物的理由；一堂是写鸡蛋壳变变变。两堂课各有千秋，但是都紧扣教学目标出色地完成了教学任务。

（一）写出喜欢小动物的理由，能多写几条就多写几条

1. 视频导入：播放有趣的小动物，初步让学生感知动物的有趣、聪明、好玩等特点。

2. 确定自己喜欢的小动物，并快速交流。

3. 思维导图的引出：

发现很多小朋友都喜欢养小狗，那我们能交流交流为什么会喜欢养小狗吗？

教师随机把小朋友们的交流放入软件思维导图里，可爱、听话、乖巧、有趣、毛茸茸的……

教师有意识地把特点与样子的介绍分成两边，通过小结可以从小狗的特点和样子两方面来说说为什么会喜欢小狗。

4. 自由绘制思维导图：

请小朋友们也来给自己喜欢的小动物绘制一张思维导图，但是在绘制的时候不需要把所有的理由都写出来，把自己认为最重要的几个汇入导图里。

5. 连起来说一说，可以有序地介绍。

6. 快速写话十分钟，可以根据自己的能力选一方面来介绍，也可以都介绍。

（二）看图写话，想一想分别用鸡蛋壳做了哪些事情？写一写它们有什么有趣的经历，用上表示时间的词

1. 魔法师引入魔法咒语"鸡蛋壳变变变"。

2. 出示插图：边喊咒语边出示图片内容（跷跷板、热气球、雨伞、摇篮）。

3. 以跷跷板为例：

观察动态图片说说鸡蛋壳是如何变成跷跷板的？引出动词：翻、扣、搭（连起来说一说）。

想象：小动物们又是怎么玩的？引导孩子们展开想象。

两部分连起来说一说，完整的第一幅图。

七分钟书写第一幅图并展评（书写端正、标点正确、用上准确的动作、加上合理的想象）。

4. 迁移其他三幅图，同样的方法（选择一幅6分钟书写）。

5. 串联几幅图的作品，并引出表示时间的词，贴顺序。

6. 鸡蛋壳变小车结束课堂。

第一堂课运用了思维导图的方式，这个方式的引入与作文课堂结合，帮助孩子们快速理清了喜欢的动物的理由，而且思路很清晰。从样子和特点入手，在每个分支后再进行拓展，这种指导方法孩子们很容易接受，而且容易操作。5分钟基本上已经完成思维导图的绘制，理由根据学生的自身能力可多可少，没有限制学生的发挥，给每个孩子表达自己的欲望。思维导图的引入，除了可以方便这堂课的讲授，也给以后的课堂开启了新的起点，孩子们学会之后在其他课堂上也可以运用这个方法来理思路，孩子们看着思维导图就知道自己可以从几个点去介绍自己喜欢小动物的理由了，给孩子口头表达奠定了基础，是给了孩子们口头表达的一根拐杖，尤其是给中下的学生一个台阶，把自己想表达的内容或多或少通过自己的语言说出来，这为接下来的写提供了很大的帮助。孩子们通常都害怕写，在前面说的基础上，每个孩子都可以写出几条喜欢动物的理由，达到了课堂的要求。

第二堂课由魔法师导入，激发了孩子们的学习兴趣，给课堂气氛活跃打好了基础。陈老师在观察第一幅图的时候下足了功夫：对动词的引导，提问鸡蛋壳是如何变成这个跷跷板的？要求孩子们用上合适的动词翻、搭、扣，第一步给孩子们做好了榜样，把几个动词连起来说一说，将片面的几个动词用语言串联成句子，达到了口头表达的目的。第二步发挥想象，说一说小动物们是怎么玩的？引导孩子们加入了自己的想象，多有趣啊！第三步把两部分连起来说一说就是第一幅图的内容了。陈老师对第一幅图的"扶"可谓是下足了功夫，建立在不断地说的基础上，而且从简到难，从分块练习到连起来说一说，为孩子后面的学习做了充足的铺垫。最后回到写的环节，而且出示的要求很明确，用上动词，加上想象，用上正确的标点。在第一幅的基础上，孩子们有了基本的经验体验，在学习后面的三幅图大多数可以介绍鸡蛋壳是怎么变的，小动物是怎么玩的，老师在扶的基础上逐步到了放手的阶段，孩子们也信心大增说得越来越好。

赏析与商榷

（一）"写"以"说"为基础

两堂课都是写话教学，两位老师在写之前都给孩子做了实打实的铺垫，由扶到放，给孩子大大地降低了难度，也缓解了孩子看到写话的恐慌心理。孩子们在不断练习说的基础上再到写自然是水到渠成的事儿，能把自己想说的都写下来，写自己想说的，说自己能写的，以一堂课为起点，开始累积孩子写话的自信心，不断激发孩子表达的欲望，那么之后的写话就不会被拒之于千里之外了。

（二）一课一得

课堂的策略各有形式，思维导图的引入无疑是新的方向，不仅在作文课堂上可以大放光彩，在阅读课中更可以起到思维拐杖的作用。陈老师的收放自如，由扶到放处处体现了课堂的细致。不管是何种处理方式，课堂讲究实效性，一课一得便是好课堂，两位老师分别在自己的课堂目标上下功夫，突破重难点就是做到了实处，并不需要面面俱到。第一堂课的思维导图，第二堂课的动作加想象，孩子们都心领神会，从后面的写话中，孩子们基本落实了。

（三）有底线

课堂上的星星各有亮点，但是每颗心的闪光处不同。不能以一条杠子来要求所有的孩子，但是一堂课必须要有底线，这堂课必须要让孩子们学会什么,这是有底线的,达到底线上不封顶。第一堂课就是通过绘制思维导图说出喜欢小动物的理由,那么这个理由可以是一个两个三个,并没有规定说一定要说出几个,也没有说一定要按照样子和特点来说,孩子们可以只在样子上说出喜爱动物的理由,也可以在特点上说说喜爱动物的理由,能多说几个理由的就多说点,这是上不封顶的。第二堂课让孩子们说说都做了哪些事儿,有什么有趣的经历,用上表示时间的词连起来说说,这是课堂的底线。感知小动物们是怎么玩的,用上时间的词连起来说说,如果在此基础上,有能力的孩子就可以加上动词的描写把内容写得更丰富具体。

(四)发现亮点

孩子们之所以会恐惧写话,是因为自己总是达不到老师的要求,看不到自己身上的闪光点就会失去信心,写话的兴趣就会大受影响。长期得不到老师的肯定,慢慢地一到写作文就会觉得自己肯定写不好,自己写出来的东西肯定是不好的。久而久之,在写作表达上就会越来越弱。在上一堂课时,如果孩子们能达到底线,那么老师们肯定会在课堂中发现每个孩子的闪光点,以此来激励孩子,孩子们就会觉得原来我也能表达的,我也可以写出好的句子的,从小小的点开始,慢慢就会有两处三处多处的亮点,学生的写话兴趣就会扩大,写作欲望会越来越强烈,从而爱上写作。

反思与改进

课堂结束后,教研员针对本次活动做了点评,两堂课的教师虽年轻,但是能把课堂上得很扎实已经是不得了了。在课堂上有亮点也有不足之处。对于课堂要求稍微拔高了些,应把要求放低,例如第一堂课就扎扎实实把样子写好,在介绍小动物时根据自己的思维导图前后联系评价。第二堂课把关于时间的词放在前面环节出示,不要过多地在动词上挖掘。

写作教学以这次中片研训为起点,每个老师不再将关注点放在阅读教学上,同样把目光延伸到了写话写作教学上,这是一个难啃的大骨头。开了第一口,后期不断尝试,肯定会慢慢把这个难题给攻下,那么写作教学也不再是难题了。这是一次难忘的教研经历,是一次有意义的教研经历。在这次教研活动中教师们受益匪浅,大家都觉得一个教师的专业成长,是离不开好的教师的引领的,通过教师的展示,大家一步步地了解了写作课堂新的呈现方式,使自己的教学技能有了提高,也变得灵活。教师们确实需要一次次实在的交流研究合作机会。当然,一个教师如果要想得到成长,自身也是要不断加强学习、进取的!

核心素养视野下的 Story time 教学初探

王丹丹

研训背景意义

我国的课程目标随着时代发展一直在变化，从最早的"双基"到"三维目标"，再到如今的"核心素养"，表面上是课程目标的改革，实际上体现了我们的英语教学从为教书而教到为育人而教的变化。这种变化使得我们的教育更加适应社会发展和人的发展的需要。但如何在我们的英语教学中真正落实核心素养，需要我们对现有的教材进行悉心研究和整合。

作为 PEP 教材中的故事教学板块（Part C Story time），因其不是单元核心教学内容，也往往在考查范围之外，所以容易被老师们所忽视。但是，从形式上来讲，故事板块配有生动活泼的插图，丰满的卡通形象，诙谐有趣的情节，很容易将孩子们带入英语学习氛围中；从内容上来讲，一方面，故事中涵盖了本单元的学习重点，拓展了适量难点，学生通过故事来感受语言、体会语言、学习语言、运用语言，另一方面，故事中积极向上的内容也能激发孩子们的情感，对其全面发展起到潜移默化的正面导向作用。因此，故事教学也逐渐受到重视。

故事教学作为单元最后一课，既要照顾到本单元重难点的复习运用，又要突破新的知识点，还要兼顾文本的理解和模仿运用。纵观三至六年级的故事板块，有的故事情节性较弱，侧重语言交流运用，有的情节性强，适合模仿表演。所以，对于老师来说，如何设定故事板块的教学目标，如何定位词汇、句型、文本学习的关系，在具体的操作过程中最有效地达成这些目标，对于我们老师来说是一个新的课题。以下就结合我的一次磨课经历，谈谈自己对于 Story time 板块教学的理解。

研训过程描述

本学期我有幸参加了县"一师一优课"筛选活动，虽然准备时间紧迫，磨课过程艰辛，结果未尽人意，但是收获却颇丰，也帮我敲开了故事教学的大门。本次的磨课课题为——PEP 3 Unit6 Meet my family Part C story time。

磨课过程：

我设定本节课教学目标为：1. 能在 Zip 向朋友介绍家庭成员的语境中，巩固复习有关职业的单词以及句型 What's your father's job? He's a cook. 2. 能够在图片的帮助下，理解故事内容，并通过上下文理解新句子 These are photos of my family. Is he... 并能在老师的帮助下表演故事。3. 渗透个人梦想，长大后想成为一名……

【试教一】

（一）Warming up

1. 课前老师播放歌曲"My family"活跃课堂气氛，复习已学知识。

2. Game time：Truth or Dare 真心话大冒险，复习旧知，活跃课堂气氛，游戏中数字板块逐渐消失，最后呈现教师家庭照片，引入本课主题"My family photo"。

（二）Presentation and practice

1. PPT 呈现姚明家庭照片，介绍其家庭成员及职业，进一步走近主题。

2. PPT 呈现 Zip's family photos，并以小动物们去 Zip 家参观的情境进入文本。

3. 老师呈现故事图片 1、2，提问引发学生思考，并教授部分单词、句子。

4. PPT 呈现 Zip 家庭成员照片，老师先让学生对图片进行观察，提问

"Who are they?" "What are their jobs?" 学生带着问题看动画。

5. 学生回答老师问题，老师一幅幅解答，教授单词，学生跟读模仿句子、动作，在此过程中，老师强调读出自豪的语气：Read in a proud way.

6. 学生小组练习，并配音展示。

7. 表演故事，老师增加了一个有趣的环节，除了扮演小动物的学生外，还增加四个人穿上相应服装，扮演照片，此活动大大增加了故事的趣味性。

（三）Consolidation and Extension

1. Show time：学生展示自己的家庭照片，并介绍。

2. Future time：What's your job after 12 years? 学生畅想自己未来的职业。

3. 情感教育：All works are equal and worth our respect.

（四）Homework

1. Listen and read the story fluently.

2. Talk with your partner about your family and their jobs.

以下是学校教研组讨论及观点呈现：

亮点：本堂课教学目标明确，教学活动新颖，课堂气氛活跃，教学环节流畅，目标基本达成。

意见：1. 各环节衔接欠自然，有待改进；2. 作为故事教学，更应重表演，老师表现应更活泼，以起示范作用，激发学生表演欲望；3. 拓展展示家庭照片环节，学生自己不会说，可换成问答形式；4. 板书不够精美，可设计成 family tree 的形式。

【反思】

第一次磨课过程基本流畅，但是依旧有许多问题。本课内容较简单，但是怎样才能更深一步挖掘教学内容，而不只是走马观花，流于表演呢？另外，故事教学中，何时处理句子的朗读最为合适，也是困惑我的一大问题。如果在分图教学重难点时，跟读句子，似乎割裂了故事的整体性，但是如果先整体解决重难点，再整体跟读，似乎又缺乏趣味性，与常规 talk 教学无异。所以第一次磨课后，我还是选择了第一种，分图解决问题的同时，让学生进行跟读模仿，并加动作进行表演。板书因为家庭成员不全，我也放弃了 family tree 的设计，延续简单的风格。

【试教二】

由于时间紧迫，第一次试教后的第二天就要去参加筛选，也算是我的第二次磨课。我根据第一次试教的讨论和反思，对本课进行了适当修改，由于学生无法提供家庭照片，所以拓展环节未能实现，其他教学步骤还算流畅。以下是评委老师给我的反馈意见，也是在此次备课磨课中最困扰我而又始终未能解决的问题：课堂设计上缺少整体性，学生应整体感受故事，解决部分生词，而不是割裂故事进行教学。而其他四位参加筛选的老师也各自展示了自己精彩的课堂设计，令我受益匪浅。

赏析与商榷

本次活动对我来说是一次全新的考验和评估，让我深刻认识到自己缺乏作为一名优秀英语老师所必备的专业素养，同时也帮我敲开了小学英语故事教学的大门，当然，这只是一个开始。以下是本次研训活动中关于故事教学的点滴收获。

一、故事教学中存在的问题及原因分析

"过于注重传授语言知识"是教师在进行故事教学时普遍存在的现象，在本次备课过程中，我也深受这种传统教学模式的局限，未能找到很好的突破口。在这种教学模式中，教师更多关注的是学生对故事语言的模仿，而忽视了训练学生灵活运用所学语言的能力，导致学生只会机械地使用故事中的句子，当情境稍有变化或者换一种形式呈现故事中的句子时，就不会运用了。因此，出现故事教学实效性不高的问题。

二、趣味故事教学方法初探

（一）有效渗透，激活背景知识

预热和导入环节包括学生兴趣准备、话题准备、背景知识准备、语言准备。教师设置相应有趣的活动，充分激活学生的已有知识，利用和构建学生的生活经验，加大学生语言的输入量。除此之外，教师也可以提前渗透故事中的一些内容，但提前渗透是有一定标准的，不能全盘拖出，要选择重点词汇或者句型或文化知识进行渗透。本课中，我在预热环节以真心话大冒险的游戏，激活学生已学知识，并渗透了"family photo"的主题，继而以 family photo 为主线自然地引入文本。

（二）巧用故事插图，找准"故事眼"，激发学生兴趣

人们常说"眼睛是心灵的窗户"，透过眼睛就能看到人的内心。同理，学习一篇故事也要找准切入点。我把这个切入点称之为"故事眼"。它是整个故事中最吸引学生的地方，有时可能在第一幅图，有时也可能在故事中，有时也可能在故事的结尾处，甚至有时是一幅图，有时会是几幅图。因为每个教师的教学角度，教学设计不同，"故事眼"的选择也不会相同。但是"故事眼"的确定，都要从学生的兴趣出发，从学生的角度去看。在本课中，我以故事中的 family photos 为故事眼，将它单独呈现在一张 PPT 中，并让学生观察，提问，特别是最后一幅 baseball player 的照片，最能引起学生的好奇和想象力。

由于故事的不同，教学角度的不同，甚至是教学的学生学习层次不同，每篇故事的"故事眼"的选择也会不尽相同。教师要研读教材，认真分析学生，从学生的兴趣点出发，选准"故事眼"，这是故事教学成功的第一步。

（三）把握全局，整体理解故事

在找准"故事眼"后，教师应引导学生整体理解、把握故事，切勿割裂故事情节。通常的方法有听故事、看动画、读故事，整体感知，但学生在这个过程中并不是盲目地来看、来听，而是要有一定任务或目的。教师要梳理出故事的主要线索或故事中出现的主要语言现象，让学生带着这样的问题去观看故事，整体感知故事。避免教学趋同化现象，主张整体感知，部分理解。

在本课中，我先设置了一个简单的问题"How many photos do you see?"让学生带着问题看动画，整体感知。在呈现、描述四幅照片之后，再设置更难的问题"Who are they? What are their jobs?"让学生带着问题读故事。这样的设计既让学生整体感知了故事，又让他们在初步感知故事的过程中理解新的词汇，避免教师为了让学生看懂故事，在感知故事前处理主要词汇的问题。

（四）创设思维空间，拓展思维能力

故事的教学不能仅仅局限于故事本身。学生学习的兴趣需要教师不断地创设空间，给孩子提供拓展的机会。

1. 以提问之匙，开启思维之门

提问是英语教学中最常用的方法，也是最有效的方法之一。有时一个有效的问题就像一石激起千层浪，让学生张开嘴主动表达自己的意思。教师不要局限住学生的答案，也不要急于纠正学生的语法错误，学生用错词，教师只需说一遍正确的答案即可。

本课中，我以提问的方式处理第一幅和第二幅图片，引导学生对文本对话进行预测，并通过录音来印证他们的预测是否正确，在随后更深入的文本教学中，提问贯穿始终。

看到学生在积极思考、回答，尽管有的学生说得结结巴巴甚至有的可能说的还不完全对，但他们还是积极参与并且获得了一种成功的体验。在这个环节中让学生能够大致理解这个故事的梗概就可以了。在这个过程中学生不断对自己拥有的知识进行输出，而且还发展了思维力和想象能力。通过老师的提问，学生在努力地去观察，努力地去猜测。在教师的这种引导下学生完成了对故事的初步理解和对新语言的初步感知。这样有利于每个孩子的学习，教师不同层次的问题可以让不同层次的孩子都有所收获。

2. 趣味表演，活跃学生思维

表演故事是对故事内容进一步地理解，也是对语言知识的运用过程。小学生天性喜爱故事，也喜爱表演，如果把两者结合起来对于培养其英语学习兴趣的功用是不可估量的。教师要大胆地把时间留给学生，引导他们进行角色表演。学生在完成听录音跟读后，对整个故事有了一定的认知。但此时要求学生配上对白完整地表演这个故事还为时尚早，学生也容易产生恐惧心理。所以本课中，我首先让学生对着视频进行配音表演，并适当加上动作、表情。在此基础上，进一步给予他们充足的时间准备表演，在PPT上呈现文本，减轻他们心理负担。通过表演，学生的自信心和学习积极性都会得到相应的提高。同时，学生对于他们表演的故事里的对白也会产生浓厚的兴趣，进而促使他们更加积极、主动地去学习故事中的相关词汇和句子。在此基础上，老师要对学生的朗读、表演进行指导。

在表演中，学生们戴上头饰，配上道具，以营造真实的氛围。教师扮演故事中的一个角色，他既是演员，又是导演，便于在学生忘记台词或情节时提醒学生，对学生的站位、动作、表情等进行指导，还可以控制表演的节奏。如果时间允许，尽量多地让各组参加表演，因为这是个很好的机会，对于培养学生学习兴趣与合作能力都大有裨益。本课表演的一大亮点就是由四个学生扮演照片，拿着道具，摆好动作，保持不动，学生们生动有趣的模仿让整个课堂都"嗨"了起来。

3. 联系生活，培养学生情感

PEP 的教材编排紧紧贴近学生的实际生活，这也为我们使用这套教材提供了一个情感教育的便利条件。《英语课程标准》指出，基础教育阶段，英语课程的任务之一就是：在学习英语的基础上，帮助学生了解世界和文化的差异，拓宽视野，培养爱国主义精神，形成健康的人生观。本课主题紧紧围绕"family"和"job"，在教授过程中，我反复渗透单词"proud"，旨在让学生感受 Zip 对于家人职业的自豪之情，从而让他们认识到各行各业都值得尊敬。在拓展环节，我让学生畅想自己未来的职业，初步感知自己的职业理想，并渗透"Work hard to make your dream come true"的情感教育。

4. 续编故事，拓展学生思维

教材的故事性特点为改、续编故事提供了条件。这也是拓展思维，运用语言的手段之一。改、续编故事就是鼓励学生对故事内容进行创造性改编。可以只改编故事的结尾，也可以改编整个故事，还可以续讲故事，使学生真正从被动接受上升到主动创造。这样既提高了操练强度，增加了趣味性，又能培养学生的创造力。在本课中，也可以适当增加家庭成员照片，让学生自己想象创编对话。

反思与改进

语言学习是一个系统的、循序渐进的过程，教师在故事教学过程中不仅要明确教学目标，有序安排教学内容，还应给学生设计运用所学语言进行交际的活动。故事教学的模式固然统一，但故事教学的方式有很多种。采取何种方式来开展故事教学，要依据学生的年龄特点以及故事文本的类型或故事的内容，即无论采取什么形式的故事教学，都要以故事情境作为教学的载体，因为只有基于故事的教学才能使学生更加懂得语言使用的方式，途径和意义。

现在，故事教学法正被越来越多的小学英语教师所使用，但要真正有效地运用它来开展教学活动，达到提高课堂效率，培养学生语言综合运用能力的目的，就必须以新课标为指导，以学生为本，引导学生积极投入到故事教学的每一个环节中。这也要求教师在平时的教学中不断提高自身专业素养。英语素养的形成不是一朝一夕的工作，实际上它是一种习惯的养成，因此，需要我们在教学中不断探索和创新方式方法，为学生英语素养的提高提供条件，为学生创造出有意义的学习经历，通过身体挖掘、文化挖掘、大脑挖掘、心灵挖掘等培养出阳光、快乐、独立、天真和优秀的学生，做到"教书"的同时更加注重"育人"，注重培养学生的核心素养，真正将英语教学转变为英语教育，从而提升他们的素质，提升他们和其身边人的幸福指数，让学生受用终生。

给思维插上想象的翅膀

——"公顷和平方千米"研训案例

潘雨杉

研训背景意义

《公顷和平方千米》是人教版四年级上册第二单元的教学内容,属于"量与计量"这一知识领域,往往是学生掌握的难点。虽然学生在三年级下册已经有了面积及常用面积单位"平方米、平方分米、平方厘米"等的认识基础,在图形面积的认识方法和直观表象建立上也已经积累了一些基本活动经验。但之前的单位比较小,学生身边有许多对比学习的材料,可以说是见得到、摸得着的,而"公顷"和"平方千米"这两个单位比较大,教师无法准备1:1的具体图形描述大小,从而使学生不容易建立表象,这无疑大大地增加了学习难度。因此利用引导想象来突破难点成了本课最重要的教学方法。

爱因斯坦说"想象力比知识更重要,因为知识是有限的,而想象力概括着世界上的一切,推动其进步,并且是知识进步的源泉,没有想象力就不可能有创造"。想象使我们的生活变得更加丰富多彩,在数学课堂上培养学生的想象力尤为重要。鼓励学生展开想象,把数学知识与生活实际联系起来,使其身临其境,能使我们的教学取得事半功倍的效果,因此,在教学中要争取给孩子们的思维"插上想象的翅膀"。

如何利用"想象"组织好本节课的教学内容？如何在落实知识技能目标的基础上更好地体现新课标的教学理念？基于以上思考，我以这一课为研究对象展开了教学实践，学校数学教研组成员参与讨论、交流，并对课堂教学设计提出相应的修改策略。期待通过本堂课的课堂教学使学生在思维能力、空间想象能力等方面得到一定的发展。

研训过程描述

【教学片段一】课前铺垫

师：同学们，你们学过的面积单位有哪些？说说你对它们的认识。

生：平方厘米、平方分米、平方米。

生：1平方米=100平方分米，1平方分米=100平方厘米。

师：你知道这些相邻的面积单位之间的进率都是100吗？

生：边长是1厘米的正方形面积是1平方厘米，边长是1分米的正方形面积是1平方分米，边长是1米的正方形面积是1平方米。

……

师：请你用学过的知识填一填。

课件出示：橡皮上面的面积约4（　　），数学书封面面积约5（　　），教室地面面积约50（　　）。

师：你见过更大的面积单位吗？

【思考：通过复习旧知唤醒学生的记忆，使以前学习的经验能够顺利迁移到新知的学习中。学生回忆过程中互相补充，得出了以前学过的很多有关面积单位的知识，说出了生活中面积分别为单位面积的"面"。】

出示信息：

潘天寿广场总用地面积约3公顷，地下室建筑面积不到1公顷，单层可停车260多辆。

宁波栎社国际机场机坪面积约14公顷，有16个停机位。

宁波雅戈尔动物园占地面积约130公顷。

北京天安门广场的占地面积约44公顷。

师：同学们，你们看到了哪位新朋友？

师：这就是我们今天要研究的新知识——公顷。（板书课题：公顷）

【教学片段二】探究新知——公顷

（一）第一次想象，初步感受

1、认识"公顷"。

师：公顷给你的印象怎样？

【思考：第一次想象，初步感受"公顷"是较大的面积单位，并且感受什么时候可能会用上"公顷"这个单位。宁海本地的潘天寿广场和宁波的雅戈尔动物园是大多数同学较为熟悉的地方，栎社国际机场和北京天安门也是同学们在电视上见过或者曾经到过的地方，在情感上学生很容易接受这些信息并且乐于了解这些信息。这是他们容易想象得到的"面"的大小。】

师：公顷是测量土地面积的专用单位。猜一猜边长多大的正方形面积是1公顷呢？

生：10米。

生：10000米。

生：100米。

生：1000米。

……

【思考：尽管已经给学生提供了一些信息，但是没有预习过新知的学生对于"公顷"仍旧"感觉模糊"。好在学生已经能够明确面积1公顷的正方形，边长必定远远超过1米。】

师：数学上规定，边长100米的正方形面积是1公顷。（板书）

2. 抽象到具体，直观感受。

课件出示星海小学操场图（如图1），动态呈现1公顷。

师：我们学校的跑道一圈是250米，这段直跑道长度刚好100米，这样扫过一个正方形的面积刚好1公顷。

师：那么，你知道1公顷是多少平方米了吗？算一算。

生：1公顷＝10000平方米，$100 \times 100 = 10000$（平方米）。

师：算得又快又对，请你填一填：

图1

3公顷 =（　　）平方米

60000平方米 =（　　）公顷

师：一般相邻的面积单位之间的进率是100，但公顷和平方米之间的进率比较特殊，是10000。

师：从图中你还看出了什么？

生：我们学校的跑道围成的部分加上风雨操场的占地面积共约1公顷。

（二）第二次想象，准确数据支撑

师：大家对自己的学校熟悉吧？闭上眼睛，想象一下1公顷的大小。

【思考：第二次想象，已经有了"边长100米的正方形面积为1公顷"的认识，也就是有了准确数据的支撑。而且学生每天都会在操场上玩耍、在风雨操场楼下的食堂吃饭，对这一片的占地大小有感受。相信"1公顷"的具体大小已经在学生的脑海中形成。】

师：很多同学都在体育场或是电视里看到过400米跑道。400米跑道围起来的那部分的面积大约就是1公顷了。

（三）第三次想象，参照物支撑

出示学校整体航拍图，如图2。

师：学校还有哪块面积大约也是1公顷？（根据学生的回答出示图3。）

图2　　　　　　　　　　　　图3

师：你估计一下，我们学校的占地面积大约是多少公顷？

【思考：第三次想象，有了之前"1公顷"的具体形象的参照，学生通过对比，能够顺利地在校园整体航拍图中找出另外的几个"1公顷"。根据学生的想法渐渐出示每一个"1公顷"，将整个校园划分为几个"1公顷"，那么校园面积就应该接近几公顷。图3为学生的想象发挥了重要作用。】

（四）第四次想象，改变参照物

师：如果用边长10米的正方形去铺1公顷，你觉得要铺几个？

（学生看图4思考，面露疑惑。）

师：边长10米的正方形有多大？与老师黑板上贴的"1平方米"比一比。

生：有100张老师贴的报纸那么大。

师：闭上眼睛，想象一下把这样大的100张报纸铺成一个大正方形，大不大？

生：大！

师：这么大的正方形，教室的电子屏幕放得下吗？

生：放不下。

师：如果这是我们刚刚找到的1公顷，那么你们刚刚想到的那么大的正方形就是这样大的。（课件出示图4右上角的边长10米的蓝色正方形，学生纷纷发出了"哇"的感叹。）

师：你觉得"1公顷"中能铺下几个？你是怎么想的？（学生愣了一下，课件演示在"1公顷"中先铺一个边长10米的正方形。）

生：100米中有10个10米，10乘10等于100个。（根据学生的回答，铺上如图5所示的一行和一列蓝色正方形。）

师：把你想象中那么大的正方形再复制100个，铺在一起，闭上眼睛感受一下，怎么样？

生：大。

生：超级大。

师：你还有什么想说的？

生：1公顷好大。

【思考：第四次想象，让学生突然之间又迷茫了：边长10米的正方形是多大呢？改变了参照物，学生又开始思考、想象，当学生面露疑惑时，可以给学生适当的提示，黑板上正好贴了一张面积1平方米的正方形报纸，与它比一比，学生很快算出有100张报纸那么大。这么大的正方形去铺1公顷，竟然还需要100个。可见。1公顷的面积的确很大。】

图4

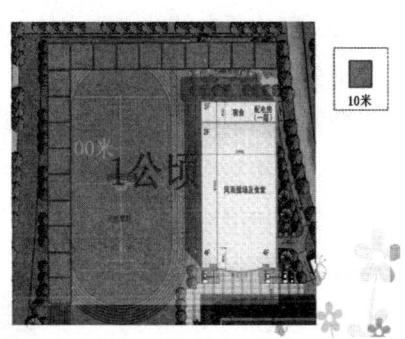

图5

（五）第五次想象，又变参照物

师：老师查看了我们学校的设计图，发现学校篮球场的面积大约是2500平方米，（出示图6）几个这样的篮球场面积大约是1公顷呢？

生：四个。（学生回答后出示图7）

师：做操时我们全校共约1400个人站在篮球场上，还有很多空着的地方。

图 6　　　　　　　　　　　图 7

【思考：第五次想象，再次利用学生熟悉的场地进行对比。学生几乎每天都在篮球场集会，对篮球场的大小感知非常具体。通过"1公顷有4个篮球场那么大"，不厌其烦地让学生再次感受1公顷很大，进一步建立表象。】

（六）强烈对比，刺激感官

师：我们所在的教室面积约50平方米，几个这样大的教室占地面积大约是1公顷？（板书算一算）

师：我们学校占地面积约3公顷，放到宁海县城区地图中怎么样？

放到宁海县地图中呢？

放到宁波市地图中怎么样？

放到浙江省地图中怎么样？

……

【教学片段三】探究新知——平方千米

（一）联系实际，引出"平方千米"

师：计量我们整个浙江省的土地面积用公顷这个单位够不够大？计量我们整个国家的土地面积呢？看样子还得有比公顷更大的面积单位。（引出"平方千米"，补充板书）

师：平方千米可写作 km^2，计量较大的土地面积常用平方千米作单位。

（二）第六次想象，丰富认识

师：猜想：边长多大的正方形面积是1平方千米？

生：1千米。

师：脑子里有没有1千米的印象？

师：（播放一段录制的小视频）早上我们绕着250米操场走了一圈，花了3分十几秒时间，如果走4圈就大概需要13分钟，如果我们沿着直线走这样13分钟，以我们所走的路长为边长，围成的正方形面积应该就是1平方千米。你能想象吗？

（课件出示地图上学生比较熟悉的1平方千米的区域，例如学校周围有些同学的家所在的某个小区，闭上眼睛想象一下这片地方的实际大小。）

师：1平方千米＝？平方米 （必要时提示：1千米＝1000米）有多大？

生：1000000平方米

师：有几张这样的报纸铺起来那么大？（1000000张，学生又可以想象一下了，尽管得到的结论还是比较模糊的，很难用精确的语言来表达。）

师：有几个1公顷？

赏析与商榷

本节课中，如果只是要学生认识两个面积单位、掌握几个单位之间的换算，那么花10分钟死记硬背就能解决问题。但是，面积大小概念的建立唯有通过深切的感受。"公顷"和"平方千米"是较大的土地面积单位，是学生已经认识的平方厘米、平方分米、平方米这些面积单位的扩展，我始终认为让学生感受和体会这两个大的面积的实际大小，在头脑中建立表象才是本节课的教学重难点。基于这一认识，才有了《公顷和平方千米》这一课的教学实践。备课中我主要思考了以下两个问题：

1. 如何选择教学资源突出教学重点、突破教学难点？

2. 如何让这样一节更具备有意义的接受性学习特征的概念课充满数学课应有的探索的味道，让学生的思维能力和空间想象能力得到发展？

回顾这节课，处理得较好的是本节课的教学资源选择，以及每次帮助学生"架设"起来的想象的"支撑物"。

一、选材贴近学生生活，教学层层递进

在学生自主探究过程中，探究问题的难度系数往往会直接影响学生探究的兴趣，过于简单和困难都会使学生丧失兴趣，如果一堂课中不断地在探究，学生也会产生厌烦心理。因此，在设计教学内容和进度时需要充分考虑学生的学习状态。本课中，第一次出现本节课的新知是利用宁海本地的潘天寿广场和宁波的雅戈尔动物园的面积，这是大多数同学较为熟悉的地方，栎社国际机场和北京天安门也是同学们在电视上见过或者曾经到过的地方，在情感上学生很容易接受这些信息并且乐于了解这些信息，适合大家初步感知这些"面"很大，这里的单位一定很大，但是仍旧"感觉模糊"。

为了更好地唤起学生的生活经验，接下来全部从学生最熟悉的校园出发。学生每天都会在操场上玩耍，在风雨操场楼下的食堂吃饭，对这一片的占地大小有感受，由此引入具体"1公顷"的大小，在学生脑海中形成表象。有了这一具体形象的参照后，学生通过对比，能够顺利地在校园整体航拍图中找出另外的几个"1公顷"。接着，通过用边长为10米的正方形拼一拼1公顷，感受它的大。而边长10米的正方形大小又要通过黑板上张贴的边长1米的正方形做对比。在层层对比中，学生才能真切体会到1公顷真的很大，并且能够用具体的面积单位数来形容。

二、适时提供各种参照物，引学生自主构建新知

《数学新课程标准》指出：数学教学要培养学生用数学的思维思考问题，也要培养学生数学应用的意识和能力。数学教育要全面促进学生的发展，力求使他们既能有效地应用所学知识和方法去解决日常生活、相关学科和工作中的问题，又能独立去探索去发现。本节课中每一次引导学生想象，都有不同的参照物，就是为了便于创设更好的条件向学生提供充分从事数学活动的机会。课堂上第一次出现"1公顷"是通过PPT课件由学校百米跑道横向扫过形成正方形面积，这一片区域是学生最熟悉的场地，对其大小有直观的感知。再在学校整体航拍图中分一分，了解几个"1公顷"。接着用边长10米的正方形去铺1公顷，想象时与黑板上边长1米的正方形进行对比。第五次想象时，改变参照物的大小，但也是学生熟悉的篮球场，估一估1公顷里包

含几个篮球场。总之，在每一次想象和估计的过程中，学生都能找到熟悉的面积参照物，因此本节课的核心问题就迎刃而解了。

三、强烈感官刺激，增强学习过程体验

公顷和平方千米这两个面积单位不容易亲身体验，学生在头脑中建立这样的面积单位，是需要一个从模糊到清晰的过程的，需要不断地积累表象认识。概念的认识需要学生主动参与实践，在看一看、比一比、数一数等活动中，运用多种感官参与学习。本节课由始至终是学生头脑中的比一比、想一想、估一估，学生根据老师提供的参照物不断探索、感受两个新的面积单位的大小，最后出示教室面积和学校面积，把它们放在宁海县城区地图、宁海县地图、宁波市地图、浙江省地图等中去比一比，让学生描述它们的大小，这是一种强烈的对比和感官刺激。在这种刺激下，学生的情绪被调动，课堂再次活跃起来。赞可夫说："教学法一旦触及学生的情绪、意志领域，触及学生的精神需要，这种教学法就发挥高度有效的作用。"

通过本节课的教学实践，我更深刻地体会到教学不仅仅是一种"告知"，更是一种探索，一种体验，一种激励、唤醒与鼓舞。学生在一次次尝试、想象、估计中不断探索、体验新知，才能真正获得成功学习的快乐。

反思与改进

"公顷"和"平方千米"是较大的面积单位，教学难点是形成这两个面积单位的表象，对学生来说难度较大。我想，学生的这一课学习除了需要借助一个个阶梯和平台外，还需要一个接受的过程，一节课的时间可能远远不够。经过数学教研组全体成员的讨论交流，对本节课中一些环节的处理提出了相应的改进意见，希望在下一次教学时能够取得更佳的效果。

一、课前体验，让简单的素材承载重要的学习任务

教学设计中引入"平方千米"的认识时，第六次想象是在学生观看步行1000米路程的视频的基础上展开的。视频的主人公们就是课堂上的学生，这个小视频就像一剂很棒的提神剂,学生再次看到视频时情绪有了一个小高潮,很快又开始了新的体验和思考。他们走一圈计时 3 分十几秒,这是真真切切的感受。但是,这个视频只是记录了学生在当天早上绕 250 米环形跑道步行 1000 米所用的时间,绕圈记录时间的方式对学生感知一千米的长度可能并不是最佳的,我们设想如果能带学生到校园外,从校园出发尽量直行走到附近学生生活的某小区或者再步行回学校,这样从一个点笔直到另一个点的长度感知更有利于学生建立 1 千米的表象。事实上,根据我校的地理位置,完全可以做到。这样,学生平时放学回家可能就知道自己走过的某些路段围起来就有 1 平方千米了。如此一来,课前体验的小视频就不只是课堂的提神,而承载起了更重要的学习任务。

二、自选参照物,让学生在反复比较中清晰标准

本节课中的每一步,学生都按照我提供的参照物进行探索和思考,是不是"抓"地太牢而限制了学生的能力?例如,既然已经呈现了校园航拍图,对于每一块校园面积的大小也清楚,何不让学生自选参照物,来估一估"1公顷",比画比画"1 公顷"?同时说一说为什么要选择这一参照物?我相信,当学习的主动权更多地交到学生手上时,学生的探究和思考更独立、更有价值。

总而言之,此次研训活动的开展,让我获益匪浅。量与计量领域的课不同于其他领域,它更多地注重体验活动和感悟,也正是因为如此,这类课的常规教学容易将重心倾向于单位化聚,或者尽管安排了很多体验活动,却停留在看一看、掂一掂、摸一摸等直接体验的层面,学生的思维参与度依然不高,导致体验不够深刻。进行了本节课的实践之后,我深刻体会到为学生创设思维探索的时间和空间的重要性。希望以后我们有更多的机会可以针对不同类型的教学材料进行研究,并在研究中反思,在反思中提高。

"化教为学",重在"转化"

——以《我要的是葫芦》一课为例

戴 榕

研训背景意义

  在当今的信息时代,知识急剧增长,如果我们仍以"教"为主思考教育改革问题,显然是不合时宜的。教的本质在于指导学生"学",教的过程就是学生的学习过程,学生应真正成为学习的主体。教学要让学生经历真实的学习活动,习得学的方法和能力,获得思维的发展和各种审美情绪的体验,促进学生自由地、可持续地发展,并成为学习者。《语文课程标准》明确指出,语文课程是一门学习语言文字运用的综合性、实践性课程。然而传统的语文课堂存在诸多弊病,如以教师为中心,分析多、提问多、讲解多等,学生在课堂上往往处于被动接受知识的地位。教育部在《基础教育课程改革纲要》中对培养目标做了调整,强调"知识与能力""过程与方法""情感态度与价值观"多元并重的价值取向,鲜明地昭示着新课程由单纯注重传授知识向引导学生学会学习的功能转变,因而要改变学生被动的学习地位,实现生本课堂,就必须转变课堂形态,教师就需要从过度提问、过度解析中解放出来,实现由问答型课堂向实践型课堂的转变。

  学生一读就懂,教师教什么?如何由问答型课堂向实践型课堂转变,实现学生学的课堂形态呢?教师怎么教?一系列的问题困扰着一线教师。对此，教师结合小学语文部编教材之二年级上册《我要的是葫芦》的教学，谈谈自己的点滴感悟。

研训过程描述

一、揭题

读准"葫芦"。（"芦"读轻声，还读第二声："芦苇""芦笋"。）

揭题，识记"葫芦"二字，理解题意。（板书：我要的是葫芦）

二、初读感知，学习生字

（一）学习生字

1. 读准"藤"。

2. 读准"葫芦藤"。

3. 识记"藤"。

4. 读好"细长的葫芦藤"。

5. 读好"雪白的小花""可爱的小葫芦"。

6. 读准"盯着"。（用加一加、形声字的方法识记"盯"。做动作理解"盯"的意思。）

（二）朗读检查，理清文脉

1. 指名分段朗读课文

初步感知

排序（给三幅图画排好顺序，感知故事内容）

2. 合作简述内容

（课件）出示填空，师生合作，说故事内容。

从前，有个人种了一棵（葫芦），有一天叶子上爬着一些（蚜虫），邻居劝他治虫，他听了吗？（没听）最后小葫芦（都落了）。

三、朗读感悟，学习第一自然段

（一）读正确、流利

过渡语：但是最初这棵葫芦长得可好了！一起来看这段话。

先出示无停顿的第一自然段

预设一：（出示停顿线）你真能干！在三个地方注意了停顿，把句子读得又通顺又流利。

预设二：老师在这几个地方加上了停顿号，谁再来试试？

（二）学习量词

过渡语：这段话的量词用得可准确了。

（课件）出示句子，指生读语段、填量词。

从前，有个人种了一（　）葫芦。细长的葫芦藤上长满了绿叶，开出了几（　）雪白的小花。花谢以后，藤上挂了几（　）小葫芦。多么可爱的小葫芦哇！那个每天都要去看几次。

（三）感受形容词

过渡语：这回又有一些调皮的字宝宝不见了。

（课件）出示句子，指生读语段、填形容词。

从前，有个人种了一棵葫芦。（　　）葫芦藤上长满了绿叶，开出了几朵（　　）小花。花谢以后，藤上挂了几个小葫芦。多么（　　）小葫芦哇！那个每天都要去看几次。

（四）了解小葫芦的生长过程

1. 排序

过渡语：多么可爱的小葫芦啊！这小葫芦是怎么长出来的？拿出你的练习纸，给句子排排序。

（课件）

> 从前，有个人种了一棵葫芦。
>
>
> 多么可爱的小葫芦哇！那个人每天都要去看几次。
> 开出了几朵雪白的小花。
> 花谢以后，藤上挂了几个小葫芦。
> 细长的葫芦藤上长满了绿叶，

2. 合作表述

（五）感情朗读

过渡语：这么可爱的小葫芦，咱们再来夸夸它吧！

四、看图理解心理

过渡语：可是有一天，他看见叶子上爬着一些蚜虫，心里想——

（课件）

> 有几个虫子怕什么！
> 1. 有几个虫子不可怕。
> 2. 有几个虫子很可怕。

1. 初步理解反问句意，选一选。
2. 文本拓展理解。

教师引导：慢慢地，慢慢地，叶子黄了，他心里想——

又过了些天，雪白的小花谢了，他又想——

（课件）

> 叶子黄了怕什么！　　　　花谢了怕什么！
> 叶子黄了不可怕。　　　　花谢了不可怕。

3. 感情朗读

过渡语：难怪有一天，他看见叶子上爬着一些蚜虫，心里想——

他这样想，也这样做了。

（课件）

> 他盯着小葫芦自言自语地说："我的小葫芦，快长啊，快长啊！长得赛过大南瓜才好呢！"

4. 理解"自言自语"。

5. 入情入境，感情朗读：指向着急，读出着急。

6. 回归整体。

五、设疑结课

结束语：最后，小葫芦有没有长得赛过大南瓜呢？我们下节课继续学习。

六、指导书写

1. 识记"棵""盯"。

2. 观察"棵""盯"。

（1）他们都是左右——结构，要写得左窄右宽。

（2）注意高低、笔画穿插。

3. 学生书写。

4. 反馈、评价。

评价标准：

（1）宽窄。

（2）高低。

（3）穿插。

赏析与商榷

《我要的是葫芦》是小学语文部编教材二年级上册第五单元的第三篇课

文，是一则寓言故事，讲了一个人种葫芦，一心只想得到葫芦，却不管叶子上长的蚜虫，结果叶子上的蚜虫越来越多，最后葫芦都落了。这个故事告诉我们，事物之间是有联系的，如果只顾葫芦不管叶子，最后连葫芦也长不成。全文语言通俗浅显，学生多读几遍，就能懂得不能不管叶子上的蚜虫，一定要治虫，要整体来看问题的道理。

学生一读就懂，那么，我们还用这篇课文来教什么呢？又怎么教呢？

一堂好课的前提就需要设计者准确地解读文本，发现并挖掘有价值的语言材料。以本课第一自然段的教学为例。

根据《语文课程标准》第一学段的阅读目标：能用普通话正确、流利、有感情地朗读课文。课文第一自然段主要是对葫芦生长得好的描写。对于二年级的学生来说，把这段话读通、读懂并不难。然而要读好长句子"细长的葫芦藤上长满了绿叶"的停顿，对于二年级的孩子来说有些难度。因此，教学本段时，我根据学生朗读的实际情况，适时点拨学生："上"字后面稍稍停顿，引导学生要在句子适当的地方停顿。在我的提醒下，孩子们读好了长句子的停顿，更好地理解课文内容。

学生在将第一自然段读准、读流利后，也已经读懂该段的内容。继而把眼光投向本段文字的言语特点。细细品读不难发现，这段话中量词运用十分准确，这是值得孩子学习掌握的。此外，本文虽浅显易懂，但散落在文中的好词佳句熠熠生辉，尤其是描写小葫芦生长得好的这段话，好几个"的"字形容词短语描写的十分优美。教师将"的"字短语进行巧妙整合，孩子在读好"的"字短语的同时，感受到了葫芦长得好，并在读中实现了语言的积累。课堂上，教师采用填空的形式，引导学生感知本段中优美的形容词短语，以整合的方式呈现，目的是让学生在有限的时间内快速积累词句，学习运用，并延伸到课外。

学习活动的实质是认知、理解、记忆、分析、比较、判断、综合、想象、联想等，并伴有兴奋、焦虑、紧张、疑惑等情绪体验。学习活动发生在心理层面，过程不可见，生成不确定。美国缅因州的国家训练实验室实验研究表明，对学生来说，不同的学习方法，记忆学习内容的效果是完全不一样的。以听讲的方式来学习，两周后学生的平均学习保持率为5%，相对而言，学生通过实际演练、做中学等方法，能使平均学习保持率达到75%。由此，教学设计的核心，是把学习内容转化为学生学习活动中需要解决的系列问题，把学习活动转化为具体可操作的程序。课堂上应优化练习设计，加强实践教学。通过比较、图表、变式等设计一些可观可感可学且层次分明的练习，达到细化教学过程，落实教学目标的目的。练习的设计能让学生在实践的过程中直面独特的语言现象。同时，动态的训练，亦让学生得到更深刻的体验。

《语文课程标准》指出，语文课程是实践性课程，应着重培养学生的语文实践能力，而培养这种能力的主要途径也应是语文实践。应该让学生在大量的语文实践中学习语文，学会学习。特级教师盛新凤提出构建"以练导学"的生本课堂。在"以练导学"课堂中，"练是载体，导是路径，学是落点"。各种随堂练习设计，作为联结教与学之间的桥梁，成了撬动教学方式转变的一个重要的切入口和突破口。

教学《我要的是葫芦》一课时，在学生充分预习之后，教师出示了三幅连环画检查学生的预习情况。要求学生根据课文内容，给连环画排好顺序。如果学生能够自主将三幅图画排好顺序，自然已经通过自我学习读懂了故事内容，教师只需要简单提示，师生合作简单复述故事内容即可。看图概括课文内容不仅降低难度，更为孩子以后概括课文内容打下基础。练习的前置，让教师很好地了解了学生的自学情况，节约了课堂时间，提高了课堂实效。对文本理解上的难点，教师通过优化练习设计缩短学生理解的路径，设计有层次的练习，一步步细化学生理解的过程，使学生的理解清晰而快捷，从而有效突破文本理解上的难点。

笔者在指导学生理解"有几个虫子怕什么！"这句话时，就以练习代替了过多的讲解。这个具有反问语意的句式，对二年的学生来说，在理解上有一定难度。首先我通过选择的形式让学生在"有几个虫子不可怕"和"有几个虫子很可怕"之间选出正确答案。进而依据文本拓展练习，以"叶子黄了怕什么！"和"花谢了怕什么！"巩固学生对反问语意的理解。设计这样有层次的练习，帮助学生高效地理解文本难点，并为理解文本打实基础。

再如，指导学生了解小葫芦的生长过程时，教师没有生硬地进行"长叶、开花、结果"的总结，而是用给句子排序的练习取而代之。笔者利用多媒体技术，把第一自然段关于绿叶、小花和小葫芦的三句话打乱顺序，让学生根据所学，想想小葫芦是怎么长出来的，并给句子排好顺序。学生在排序的过程中了解了小葫芦的生长过程，也积累了语言。

反思与改进

周一贯老先生在《"生命课堂"教育的原点思维》中指出："相信每一个学生""尊重每一个学生""研究每一个学生""发展每一个学生"是新一轮基础教育课程改革的核心理念。这昭示着教育的对象是一个个鲜活的生命体。课堂教学活动应该体现以生为本的教育理念，教师的教学活动必须从学生的实际情况和发展需要出发，确定学习目标，做到以"生"定教，制定符合本年段学生学习的教学目标和计划，使教学更加适合学生的学习和发展。

呼唤"转型"，让阅读教学"化教为学"。实现由"教"向"学"的转变，需要落实到课堂中去。学习目标由"师位"转向"学位"，课堂上，目标的阐述明确学生运用什么方法，经历什么活动，实现什么目标。这使学生明确知道我要学什么，要用什么方法学。整个学习过程由浅入深，由语言学习到语言实践，语言发展由发现走向运用。语文教学的主要任务是指导学生"学习祖国的语言文字"。以学为中心的阅读课堂，教学内容的核心、教学实施的重点都应该聚焦在"语言"上，引导学生学习，欣赏文章的语言表达，感受课文的语言表达美，学习运用语言来表现美。

阅读教学需要特别关注文本语言表达上的特点。引导学生在语言实践中学语言、用语言。然而一堂语文课的教学不可能面面俱到，应该有所侧重。由此教学内容的确定尤为重要。本课在训练学生读写结合方面还有待改进。在本文中有多处可以进行读与写的巧妙结合。比如，让学生观察插图并展开想象，邻居劝他治虫，他不听，邻居接着又会说什么？这个人看到可爱的小葫芦都落了，心里会怎么想，可能会怎么说？这个人又种了一棵葫芦，不久，叶子上又生了蚜虫，这个人……他会说什么？做什么？选择一处，进行读写结合的训练。虽然写的是人物的言行，但反应的恰恰是学生自己的心声。学生的真情表达，远比老师说出"要整体看待问题"这个道理要高明得多，也有意思得多。

"化学为教"的转型，不仅体现了学生在课堂上的主体地位，而且还有效地避免了传统语文教学中的一些弊端，充分锻炼了学生自主学习、合作学习的能力，发挥了学生的个性化思维，对学生的成长和发展有着不可估量的作用。"转化"不仅在于师生互动，还在于生生互动，旨在通过多元互动，互相交流、互相影响，充分调动学生学习的主动性、积极性，进而提高学生的语文学习效果。

　　"化学为教"需要落实到每节语文课中去，路漫漫其修远兮，吾将上下而求索。

以学定教,让教学贴着学生的思维前行

陈文文

研训背景意义

数学教学不仅要教给学生数学知识,而且还要揭示学生获取知识的思维过程,因此,教师要关注学生的数学思维。那么在教学中该怎样关注学生的数学思维并有效地培养学生的数学思维能力呢?

在近来观摩的一些课例中发现,教师在实施过程中存在着以下一些问题:

1. 一问一答是教学的主要形式

教师提出一个问题,指定学生站起来回答,当一个或几个学生回答正确了,这个问题就默认全班都会了。

2. 应试与积累是教学的主要目标

在教学中,教师过分关注应试能力的培养,忽视儿童的存在;过分关注数学知识的积累,忽视学生探究能力的培养;过分关注数学技巧的训练,忽视对数学思想方法的积累。

3. "先教后学"是教学的主导形式

虽然教师在理念上都接受了动手实践、自主探究、合作交流是学生学习数学的重要方式,但是,接受性学习在课堂中还是普遍存在。

为此,我校开展了以"以学定教,让教学贴着学生的思维前行"为主题的研训活动,以理论教学、教学观摩、专题研讨为授课形式进行。本次分以下几个环节进行:第一,由四位本校年轻教师同课异构《三角形的内角和》。课后,由数学教研组长邬丹丹老师组织到会老师进行讨论、交流,在整个互动过程中老师们积极发言,并提出改进意见;第二,从上课老师中抽取两位教师,根据整改方案,再进行教学。改进的两堂课无论在教学内容,还是在教学流程上都有不同程度的提高。

研训过程描述

一、策划安排

组织形式:

集体备课、集中观摩、课后研讨、名师讲座

活动时间:2018年3月

组织负责:陈文文

教学内容:四下三角形的内角和

执教者:陈文文

参加成员:全体数学老师

二、实施过程

(一)集体备课

集体讨论确定三角形的内角和教学目标为:

1. 让学生亲自动手,通过量、拼、折等活动发现、证实三角形内角和是180°,并会应用这一知识解决生活中简单的实际问题。

2. 在学生动手获取知识的过程中,培养学生的创新意识、探索精神和实践能力。并通过动手操作把三角形内角和转化为平角的探究活动,向学生渗透"转化"数学思想。

3. 使学生体验成功的喜悦,激发学生主动学习数学的兴趣。

为达成目标课堂活动形式为:

1. 动手操作：量、拼、折；2. 知识拓展：介绍帕斯卡；3. 猜一猜：给提示猜三角形

（二）集体观摩

一节课要真正得到落实，达到预期目标，让每位学生都积极地参与全过程，让他们把多种感官都调动起来，其实施还有一定的难度。我根据老师们的意见，根据学生的年龄特点以及他们的生活经验把教学活动巧妙地串联起来。具体设计如下：

课前游戏——猜谜语：形状似座山，稳定性能坚，三竿首尾连，学问不简单——三角形。

三、导入新课

1. 复习旧知：（画一三角形）。关于三角形，你都知道哪些知识？

预测：三角形的分类、三角形的特性……

2. 介绍三角形的内角。

①定义：三角形由三条首尾相接的线段围成，相邻两条线段组成的夹角我们称为内角。

②标记内角：为了区分这几个内角，老师来给它们做上标记（标上标记），共三个。老师给大家也准备了几个三角形，请选择其中一个做上标记。

3. 三角板中的内角：我们的三角板中也藏着三个内角，你知道它是多少吗？谁愿意来介绍一下？（边说边记录）

$30°+60°+90°=180°$

$45°+45°+90°=180°$

这三个角的度数之和是——180°。我们把这三个角的度数之和称为三角形的内角和。

4. 质疑：这两个直角三角形的内角和是180°，是不是其他三角形的内角和都是180°呢？

问题一：这里的"其它"可能指哪些三角形？

问题二：这两个特殊的直角三角形能代表所有的三角形吗？

提出：所以我们在研究时把三角形按角的大小分为锐角三角形、直角三角形、钝角三角形，这三类就能代表所有的三角形。

5. 提出课题：今天这节课我们就一起来研究一下三角形的内角和。

四、探究新知

（一）验证三角形的内角和是180°

1. 量一量　预测：学生的直接反应肯定是量

①测量：现在请你们拿出量角器量一量手中的三角形，算一算它们的内角和。

②交流反馈（分类）：谁愿意上来介绍一下你量得是什么三角形，量得的结果是多少？怎么算的？

直角三角形：

锐角三角形：（抽取2到3个学生介绍自己的计算方法）

钝角三角形：

质疑：有谁量的结果不是180°？为什么？

验证：我们一起来验证一下。（投影量一量、算一算）

提出：量的方法比较直接、方便，这是值得肯定的。但量的过程存在误差，结果容易受影响。

2. 拼一拼：除了量一量的方法，你还能不能想到其他验证方法？

①引导：三角形的3个内角合起来是180°，是一个——平角。谁想到了？

②剪拼三角形

3. 折一折：介绍折的方法。先找两边的中点，连接中点，分别过中点作对边的垂线，最后沿折痕折一折。

4. 对比拼、折：这两种方法都是将三角形的三个内角转化成我们熟悉的平角，转化是我们学习数学的重要方法，同学们在学习中可以大胆应用。

5. 小结：我们刚才用量、拼、折的方法验证了三角形的内角和都是180°。

6. 质疑：老师现在有一个疑问，这两个直角三角形的内角和都是180°，现在老师把它们拼成一个大的三角形，内角和还是180°吗？

中间拼成的平角不是大三角形的内角，所以360°－180°＝180°

（二）介绍帕斯卡和帕斯卡的证明方法

1. 介绍帕斯卡的故事。

2. 帕斯卡证明方法：直角三角形——长方形的一半　　360°÷2=180°　90°+90°=180°

（课件演示）锐角三角形——作高　分成2个直角三角形

钝角三角形——作高　分成2个直角三角形

提示：直角三角形的三个内角之和是180°，直角是90°，其他两个内角之和是90°，90°+90°=180°。（两个直角不是三角形的内角）

五、联系实际，拓展应用

（一）算一算

1. 知道两个角的度数，求第三个角

（1）过渡：哦，刚才我们已经验证出了任意三角形的内角和是180度，那如果我告诉你两个角的度数，第三个角能求吗？

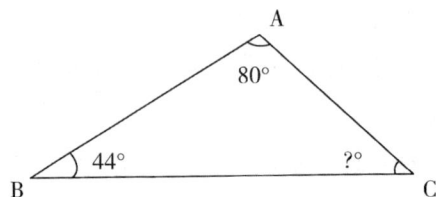

计算：180°-80°-44°=56°

（2）现在图形没有了，在自己脑子里想图形，你能不能算？

题目：一个三角形，已知∠1=15°，∠2=25°，∠3=（　　），这是一个（　　）三角形。

小结：你看，利用三角形内角和，还能判断三角形的类型呢。

（3）求∠A的度数。选择正确的选项（　　）。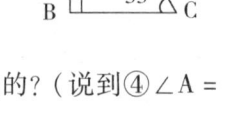

①∠A=180°-55°

②∠A=180°-（90°+55°）

③∠A=180°-90°-55°

④∠A=90°-55°

这是一个直角三角形，求∠A，下面哪些算式是正确的？（说到④∠A=90°-55°）这个90°是表示什么？

（4）猜角练习。

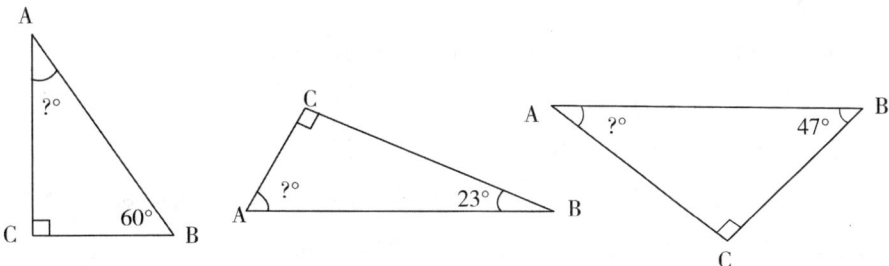

算一算：接下来要考考你的反应了，请你快速地说出∠A的度数。准备好了吗？

发现规律：你发现了什么？（直角三角形的另两个内角和一定等于90度）

2. 知道一个角的度数，求第三个角。

引导：有没有一种三角形，只知道一个角的度数就可以知道三个角的度数？

等腰三角形：已知顶角或底角，求第三个角

问题一：小明和小红去放风筝，（出示三角形）这是小明的风筝。

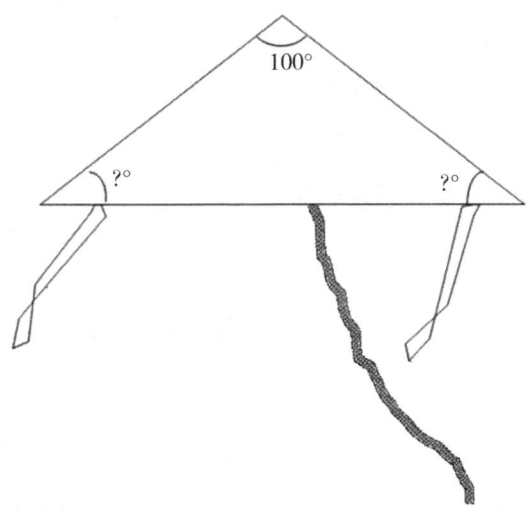

计算：(180 100)：2＝40°

问题二：小红说，这是一个等腰三角形的风筝，它的一个底角是70°，它的顶角是多少度？

想象：你能描述一下这个风筝的大致模样吗？

计算：180°－70°×2＝40°

3、三个角的度数都不知道

引导：有没有一种三角形，一个角的度数都不知道，却可以知道三个角的度数？请你在头脑里搜索下，哪些三角形是这样的？

三角板中三角形：课前我们已经了解了三角板中三角形度数是确定的。（回顾板书）

等边三角形：每个角都是60°。

总结：好，同学们，刚才我们按角分，任意一个三角形都是180°，现在我们按边分，你有什么想法呀？（任意一个三角形和也是180°）

（二）判断对错

（1）一个三角形的三个内角度数是：80°、75°、24°。（　　　）

（2）三角形越大，它的内角和就越大。　　　（　　　）

（3）钝角三角形的两个锐角和一定小于90°。（　　　）

（4）三角形的一个内角是30°，如果剪去这个角，剩下的图形的内角和是150°。（　　　）

（三）拓展延伸：第4题

可能一：

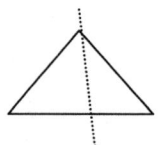

剪掉还是三角形，你们觉得内角和有没有变？（没有）剪去的想象一下，多少度？（也是180度）

可能二：

剩下的是一个四边形，剪去的呢？（三角形）剪去的也是三角形180°，可是剩下的还是180°吗？想想看。

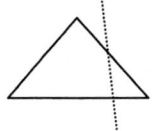

四、总结

同学们,在这节课上给你印象最深的是什么?学习了本节课有什么感受?

今天我们通过各种验证得出三角形的内角和是180°,希望同学们在以后的学习中充分利用学到的知识,真正做到学以致用。

赏析与商榷

课后,我谈了谈自己的设计理念和教后感。教研组的老师们针对我提出的困惑和存在的问题进行了讨论,大家各抒己见,气氛十分热烈。归纳起来,本节课具有以下几个特点:

(一)把握起点,设疑引思

心理学表明,儿童对"一知半解"的事物更容易产生探究的欲望。教师通过复习旧知引出内角,三角板中的两个三角形的内角和是180°,提出质疑:"这两个直角三角形的内角和是180°,是不是其它三角形的内角和都是180°呢?"让学生在新旧知识的结合点上产生新的问题,并以此作为探究点,引发学生探究思考。这样既复习了旧知识又提出了新问题,巧妙设疑,轻松地把学生的学习引到新知探究中。

(二)导学促思,自主建构

"三角形的内角和到底是不是180°?"在解决这一问题的过程中,教师通过"创设问题——全体参与——发展个性——尝试成功"这几个环节促进学生思考。教学中教师不仅把探究的主动权交给学生,给学生充分的时间与空间,让学生积极动手实践、自主探索交流,亲历观察、猜测、验证、推理等探究的全过程,而且通过活动渗透了转化和推理的数学思想。在教学中学生通过量一量、剪一剪、折一折的方法来验证三角形的内角和是180°,在这个过程中学生不仅发现了三角形内角和的规律，而且经历了自主"做数学"的过程，在这个过程中不仅积累了活动经验，而且数学思维能力得到了很好的发展。

（三）拓展提高，学以致用

学以致用是教育的最终目的。学生在课堂上发现新知、习得规律后，必须完成一定的教学练习题，对知识点进行整合提升，才能促进知识向技能的转化。以上的练习设计，教师分层次地让学生求角，还精选了生活素材，引导学生在解决生活问题的过程中增强对知识的理解，发展学生的观察能力、思维能力，同时也使学生认识到数学来源于生活，并用于生活。而"把三角形减去一个角"是一个开放性的问题，教学中教师引导学生借助已有知识、经验与技能去思考，鼓励学生多角度地思考、多维度地分析。这样的设计激活了学生的创新思维，实现了由重知识向重技能的华丽转身。

反思与改进

（一）以学定教，对教学目标进行合理的定位

《三角形的内角和》一课中，让学生亲自动手，通过量、拼、折等活动发现、证实三角形内角和是180°。在实际的操作中，学生在量、拼、折的过程中发现三角形的内角和大约是180°，这是一个近似值而不是一个准确值。小学阶段用不用要求学生很严谨地验证三角形的内角和为180°呢？这是很多教师困惑的一个问题。其实，在初中的教学中有专门的一课是通过作平行线的方式证明三角形的内角和是180°的。因此，小学阶段我们只是让学生经历这个的验证的过程，在验证的过程中培养学生的动手能力和独立思考的能力，并不要求学生像科学家一样严谨地去验证。

（二）以学定教，关注学生认知基础

在剪、拼的过程中，学生不知道拼哪一个角，不知道拼的目的是什么。这主要是学生没有对"内角"和"三角形的内角和"充分理解。因此，在"内角"的认识中，我分两个层次来完成：第一，认识内角，知道内角的定义；第二，标记内角，回顾角的读法。以此为后面的教学做铺垫；在拼一拼

的过程中，学生在撕一撕后出现了三个图形，通过标一标能很快地帮助学生找到三角形的内角；在判断"两个直角三角形拼成了一个大三角形，大三角形的内角和是多少？"时，学生从定义出发，通过标一标大三角形的内角，会发现两个直角不是大三角形的内角，降低了学生学习的难度。

总之，在小学数学的教学中，教师要"授之以鱼，也要授之以渔，更要还给学生一片渔场"，教师要努力"化教为学""顺学而为""以学定教"，把核心处的自由还给学生，让教学贴着学生的思维前行。

寓教于乐在课堂

陈海珠

研训背景意义

寓教于乐，它是一种教学理念，也是一种至高的教学境界。学生一旦对学习数学产生了浓厚的兴趣，他们的求知欲就会被激发，从而自觉地去认识、研究、掌握数学知识，进而开阔他们的眼界，丰富他们的学习生活，促进个性发展，促使他们进行创造性的学习活动，逐步形成创新意识提高创新能力。在快乐的环境中学习，将会让学生取得事半功倍的学习效果，正如孔子所说"知之者不如好知者，好知者不如乐知者"。

而提起数学课堂教学，人们头脑中的第一反应就是单调的阿拉伯数字、繁琐的计算、拐弯抹角的思考和紧张的训练。数学课堂给人的感觉总是比较刻板、沉闷，教师教得费劲，学生感到枯燥、乏味，容易产生疲劳、厌烦情绪。因此，在小学数学教学中，开展快乐教学是启迪学生思维、开发学生智力、培养学生能力的重要前提和关键。我国教育体制从应试教育转向素质教育的今天，"快乐教学"必将代替传统的那种枯燥、呆板的教学模式，乐学、会学是时代发展的需要。

为了更好地提高小学数学课堂的教学效率，学校教研组特安排了教研活动——《寓教于乐在课堂》。

（一）活动过程

第一阶段（准备阶段）：

1. 开展示范课、优质课等视频教学观摩活动。

2. 教研组长组织全体数学教师集体备课。

第二阶段（磨课阶段）：

低段数学教师参与点评修改教案。

第三阶段（实施阶段）：

活动时间：2018年4月

活动地点：合班教室

（二）教学内容

二下《数学广角——推理》

执教者：陈海珠

参加成员：全体数学老师

（三）活动步骤

1. 执教《数学广角——推理》。

2. 全体数学教师进行点评、讨论、交流。

（四）活动目标

1. 通过本次教研活动，提高教师研究教材、设计教学活动的能力。

2. 促进教师改变课堂教学方法，改善学生的学习方式，更大程度推进学生发展。

3. 建立"教研、实践"相结合的探索型、学习型、讨论型的教研氛围。

研训过程描述

《数学广角——推理》

教学内容：人教版二年级下册教材第109页例1及相关内容。

教学目标：

1. 学生对日常生活中最简单的事例进行分析、推理得出结论，培养学生初步观察、分析与推理的能力。

2. 能借助连线、列表等方式梳理信息，学会简单的推理。

3. 能有条理地表达推理过程。

教学重点：学会一些简单的推理方法（语言描述法、连线法、列表法）。

教学难点：有条理地表达推理的过程。

教学过程：

（一）激趣引入

1. 猜一猜游戏

①"可能"

师：小朋友们，你们喜欢玩游戏吗？（生：喜欢）

师：咱们来玩一个"猜一猜"的游戏，老师的两只手分别拿着两样东西，猜一猜老师左手拿的是什么？右手拿的又是什么？看谁猜的准？

师：你们的答案呀真是五花八门。给你们一个提示：老师的一只手拿了一块橡皮，另一只手拿了一枚硬币，我们再来猜一猜。（生1、生2）

师：这两种情况，到底是哪一种？你们能确定吗？为什么？（生：不能，引"可能"）

②"排除"

师：再给一个小提示：老师右手拿的不是硬币，现在你知道了吗？（生：右手拿的是橡皮，左手拿的是硬币。）

师：能说说你的想法吗？

师追问：噢，我右手拿的不是硬币，说明什么被排除了？（生：硬币）那我右手拿是什么？（生：橡皮）那左手呢？（生：硬币）

师：你们同意吗？（生：同意）

师：来共同见证一下吧。（师揭晓答案）

2. 揭题。师：小朋友们真聪明！从刚开始的乱猜，到根据线索排除信息，一步步推出正确的结论。这就是简单的推理（出示课题并生齐读）。

（二）探索新知

师：说到推理可不得不提到一位高手，知道他是谁吗？（出示图片）对，他是一位非常有名的断案高手。柯南在破案过程中根据坏人留下的蛛丝马迹，经过一系列的反复推理，得出结论最终把坏人绳之以法。同学们说他厉害吗？那你们想不想成为像柯南一样厉害的断案高手？那就赶紧进入"柯南训练营"吧！

1. 探究"含有两个条件的推理"。

师：首先进入柯南的初级训练营。

课件出示：（1）陈老师来教室上课，走的不是后门，是（　　　　）。

师：排除了什么？那不是后门，就是（　　　　）。

(2) 小明打篮球时脚扭了，扭的不是左脚，是（　　　　）。

(3) 二（1）班来了位新同学，不是男生，是（　　　　）。

2. 探究"含有三个条件的推理"。

师：小朋友们可真棒，很快就通过了柯南的初级训练，快趁热打铁，进入柯南的提高训练营吧！

教学例1

(1) 呈现问题

课件先出示例1的半部分：（有语文、数学、品德与生活书，下面三人各拿一本，有三位小朋友小红、小丽、小刚，他们分别拿了什么书？）

(2) 分析问题

师：哪位勇敢的小朋友能大声地来给大家读一读题目？

师：从题目中，你知道了什么？

师：他们分别拿了什么？小红可能拿什么？小丽呢？小刚呢？三种可能都有。有准确的结论吗？（生：没有）

师：请同学们先独立思考，把自己的想法跟同桌交流一下，并用自己喜欢的方式记录下来。

(3) 展示交流

师：有结果了吗？他们分别拿的是什么书呢？谁先来把你的想法和大家分享一下。

预设一、语言描述法

预设二、连线法

预设三、列表法

(4) 整理思路

师：上面三种方法都是先确定的谁？为什么？接着怎么推理？

师：你们学得真不错，柯南的推理秘诀和也我们的一样呢！一起读一读："我是一名小侦探，根据线索猜得准，能确定的先确定，能排除的再排除，剩下越少越好猜。"

（二）实践应用

师：根据秘诀，我们一起来接受柯南给我们设的难关吧！有信心吗？

1. 课间活动。

2. 猜密码。

3. 猜老师。

(四) 课堂总结

师：同学们，在柯南的训练营里，你学会了什么？学得开心吗？

师：在我们的学习和生活中，可能会遇到很多困难，希望你也能进行简单地推理，先确定再排除，使问题变简单，做生活中的有心人！

赏析与商榷

寓教于乐可以使学生在自由、快乐的氛围中学习，使求知成为愉快的事情。这种愉快反过来又可成为求知的动力，如果能给学生精神上的满足和快乐，即使无人监督，学生也会乐学不疲。

(一) 趣味游戏，引发学生的求知欲

二年级的孩子由于他们的年龄特点，具有较高的学习热情，尤其是让他们参与活动时，他们的积极性都会很高。良好的教学导入是高效课堂的引擎，就像一部精彩的影视作品，开场的前几分钟，就得抓住观众的心。有人说："成功的教学所需要的不是强制，而是激发学生的兴趣。"本节课开始通过猜一猜游戏导入新课，激发了学生的学习兴趣，激起了学生探索新知的欲望，由此导入新课有趣自然而合理。从最简单的"可能"猜逐步到简单推理，能使学生尽快进入角色，参与到学习活动中来。

(二) 联系生活，学习生活中的数学

《数学新课程标准》在建议中指出："要创设与学生生活环境、知识背景相关的，又是学生感兴趣的学习情境，让学生在观察、操作、猜测、交流等活动中逐渐体会数学知识的产生、形成与发展的过程，获得积极的情感体验。"学生在教师引导下，主动参与数学活动，亲身经历，体验简单推理的过程，获得了对简单推理初步的理性认识和情感体验。在主题图教学中，设计了分析三个小朋友拿的分别是什么书这一环节，根据学生已有经验，思维起点，在课中优化这些以"生活"为背景的教学内容，把生活素材、生活经验、生活情景作为重要资源。同时也让学生体验到"数学就在我的身边、我就在数学之中",让他们自然而然地去喜欢数学、去研究抽象的数学,增强学生对数学的兴趣和信心。

(三)层层递进,渗透数学的思想

这节课在引入环节就设计了两个层次的猜一猜,一开始让学生猜"可能",然后在老师的提示下"排除"猜,让学生感悟到有了前提条件,很快就能猜出正确的答案,学生从中领悟到了"猜想"是要根据前提条件去推理的。这个猜想环节与本课时内容相关密切,对后面的顺利学习做了很好的铺垫,让学生能初步领悟到简单逻辑推理中条件与结果的密切联系,同时激起了学生的学习兴趣和学习欲望。同样在练习环节中,课间活动、猜密码和猜老师等等的练习层次分明,有坡度,趣味性强,充分调动学生的练习兴趣,让学生在活动中愉快地完成练习,既巩固了新知又拓展学生的思维,让不同层次的学生在数学学习上得到不同程度的发展。

反思与改进

在这次教研活动中教师们受益匪浅,大家都觉得一个教师的专业成长,离不开集体的支持和帮助,对于我来说,这更是一次难忘的教研经历。全体数学老师针对我的这堂课展开了激烈地讨论,提出了许多宝贵的意见和建议:部分学生在课堂上对知识理解不够、教师教学语言也还不够精练等等,使我清楚了自己在课堂教学过程中存在的不足,也将会促使我的教学技能变得灵活。

作为小学数学教师,在课堂教学中,要强调学生原有的经验和兴趣,注重学生的差异性,激发他们探究新知的兴趣。新课程标准理念下的教师,要从学生的实际出发,组织、指导学生的学习活动,让小学生的数学寓教于乐,使数学课堂真正"活"起来。

(一)问题情境,激发学习兴趣

小学生对周围的事物很感兴趣,有较强求知欲,因此问题情境要尽量贴近学生身边的事情。教师可以利用他们的生活经验和已有的数学知识,探索新知识,解决新问题。在导入新课时,需要教师巧设悬念,精心设疑,使学生有强烈的求知欲望，促使他们自觉地去完成教学目标。同时利用小学生好奇、好动、好问等心理特点，精心地为学生提供有利于创造的学习环境，激活他们的思维，努力培养学生的学习兴趣。从生活中挖掘素材，在日常生活中发现数学知识，利用数学知识提高学生学习的兴趣。学生对新知识的渴求，想对未知事物了解的心态是激发其学习兴趣的一个契点。

（二）故事课堂，增添课堂色彩

富有故事性的课堂，学生精神饱满，枯燥乏味的教学内容经故事化后也易于学生理解和吸收。单调而枯燥的数学课堂如能注入故事情境，可使数学课堂活力倍增。教师要善于根据学习内容创造性地引用或编制有利于学习的故事情节。在教学中我设计了围绕柯南侦探营这一故事情节来展开教学，让学生在愉悦的氛围中探索知识，在故事的感召下拓展知识，从而使学生在一片欢笑声中加深对知识的理解和记忆。

（三）游戏教学，激活乏味课堂

小学生贪玩、好动，并且难以长时间地集中精力学习，教师可以有效利用学生爱玩的这种心理特点，将游戏引入数学课堂，使数学教学变得更加生动、有趣。做游戏并不是单纯地为了活跃课堂气氛，更重要的是要为教学服务。在练习环节我设计了一个互动小游戏，学生经过了长时间的学习，有了疲惫的感觉，我适时地把刚学过的推理知识放进游戏活动中，让他们站一站、动一动，做到让每个孩子都参与其中，放松身体又巩固知识，一举两得。学生们也只有全身心地参与到游戏当中来，才能集中注意力，通过对游戏的实际应用，有效地掌握相关知识，从而收到事半功倍的效果。

（四）寓教于乐，加深知识理解

寓教于乐是针对小学生的年龄特点，创设愉快的学习情境，激发学习兴趣和强烈求知欲，变"要我学"为"我要学"的教学理念。在数学教学的过程中，应注重培养学生数学思考方法，教师在关键处要注重引导，提出一些内容恰当、难易适中并富于启发性的问题，引导学生积极思考、加深理解，以培养学生的良好的思维品质和学习兴趣。

课堂教学更是一门艺术，它是教学的关键。创造性地激活课堂，不断提升教学课堂的魅力，能让学生在轻松愉快的氛围中学习，在学与问中获得学问，在游戏中收获新知，在快乐中成长为学习的主人。

第四章 04
教学设计

课堂教学既是一门科学，更是一门艺术，如同一个脚本由不同的演员来演，会产生不同的感染力和艺术效果一样，不同的教师对同一教学内容的讲授也会达到不同的教学效果。课堂教学效果与教师对课程理念的理解、教材的把握、学情的分析和自身教学风格等因素有关。教师要在有限的 40 分钟课堂时间内优质高效地实现预定的教学目标，完成预期教学任务，就必须对一堂课的教学进行精心设计。

"红领巾"真好

（人教版语文三年级下册）

陈彦秀

教学目标：

1. 认识"叽、喳、蓬"等8个生字，会正确书写"蹦""跃"。
2. 正确、流利、有感情地朗读课文。
3. 模仿课文一二节，拓展仿说"课间，校园里谁最快乐?"

一、学习"领"字，初读诗歌

1. 谈话红领巾：读准后鼻音。领是一个形声字。
2. 写课题、读课题。
3. 初读课文：
（1）借助拼音，朗读诗歌。
（2）思考："红领巾"为什么加上引号？

二、学习诗歌

（一）学习第一小节：

自由读——指名读

1. 叽叽喳喳：

①读正确。

②听声音，谈感受：听起来——（就像唱歌一样）

③学唱歌：领唱、男生唱、女生唱、声音响亮、轻轻地唱。

师：想不想听一听鸟儿是怎么叫的？（播放声音）

生谈感受：听起来就像唱歌一样。

师：我们也学着小鸟来唱一唱！男生唱——

生：叽叽喳喳

师：女生唱——

生：叽叽喳喳

师：大声唱——

生：叽叽喳喳

师：轻轻地唱——

生：叽叽喳喳

2. 蹦蹦跳跳：

过渡：小鸟在叽叽喳喳地唱歌，还在枝头——

读词：开火车读。

【教学理念】教学"叽叽喳喳"和"蹦蹦跳跳"时通过词语串联创造情境，从听觉和视觉两个角度分类学词，使学生在学习中形象感知鸟儿的快乐。分类学词轻松活泼，课堂教学一气呵成，教有趣味，学有劲头，充满童心童趣。这种因情境而生的张力和立体感，使词语有了个性体验的温度，吸引孩子兴致勃勃地投入到了学习中。

3. 蓬松的羽毛

过渡：蹦蹦跳跳的小鸟梳理——

①读正确：开火车读。

②联系生活，拓展短语：你还见过蓬松的什么？

生：蓬松的头发、棉花……

师：我们一起来读一读。

生：蓬松的头发、蓬松的棉花、蓬松的稻草。

【教学理念】通过问答朗读帮助学生发现这首诗歌巧妙的问答式写作方法，整体朗读课文，富有情趣。

4. 梳理：

过渡：早晨起来羽毛蓬松，怎么办？

①读正确。

②读好短语"梳理蓬松的羽毛"。
③整齐的羽毛:梳理过羽毛的小鸟有什么变化?
(出示图片:整齐的羽毛)
生:羽毛变得干净整齐。
师:连起来会读吗?
④读出小鸟的快乐:重点指导问句的朗读。
(二)学习第二小节
自由读——指名读
1. 扑棱棱
①读正确:小鸟飞来飞去发出——
②听声音理解:鸟儿扇动翅膀的声音就是——
2. 读句子:捕捉害虫,保护翠绿的树苗。
3. 拓展
①捕捉害虫的鸟称为益鸟,你知道哪些益鸟呢?
②大声喊喊益鸟的名字。
③换词朗读第二节:学着课文的样子来夸夸它们!
【教学理念】从课堂教学来看,学生说得很有兴趣,通过换词重构课文,既帮助学生一遍又一遍地熟读课文,又让学生在拓展说话中享受了语言学习的快乐。
3. 朗读:齐读第二节
(三)多种形式朗读
1. 问答读
师问:清晨,林中谁最快乐?
生答:是可爱的小鸟,
叽叽喳喳,蹦蹦跳跳,
一会儿唱歌,一会儿梳理蓬松的羽毛。
师问:清晨,林中谁最活跃?
生答:是机灵的小鸟,
扑棱棱,飞来飞去,
捕捉害虫,保护翠绿的树苗。

男生问：清晨，林中谁最快乐？

女生答：是可爱的小鸟，

叽叽喳喳，蹦蹦跳跳，

一会儿唱歌，一会儿梳理蓬松的羽毛。

女生问：清晨，林中谁最活跃？

男生答：是机灵的小鸟，

扑棱棱，飞来飞去，

捕捉害虫，保护翠绿的树苗。

2. 变换形式读

师：小鸟可机灵了，想和小朋友变魔术，看！课文变成这样，会读吗？

女生读：叽叽喳喳，蹦蹦跳跳，

一会儿唱歌，一会儿梳理蓬松的羽毛。

男生读：清晨，林中谁最快乐？

是可爱的小鸟。

女生读：扑棱棱，飞来飞去，

捕捉害虫，保护翠绿的树苗。

男生读：清晨，林中谁最活跃？

是机灵的小鸟。

【教学理念】通过文本重构变换诗歌顺序，学生朗读时增加了趣味性，读起来不但有滋有味而且入情入境。先描写后回答，可以变换，在变换中进行多种形式朗读。

三、书写生字：蹦

1. 观察注意事项

2. 提醒技巧：两颗星——左窄右宽撇穿插，第三颗星——笔画多时要压紧。

3. 星级点评

【教学理念】"蹦"字笔画繁多、结构复杂，是本节课最难写的生字，具有指导价值。因此，在书写指导时，笔者抓住难点进行突破。在学生观察后进行要点归纳：左窄右宽撇穿插，笔画多时要压紧。学生书写时紧紧围绕书写要点，老师评价时也紧扣这两点进行星级评定。抓重点指导，使写字教学更加高效，学生也更有收获。

四、教学第三节

过渡：清晨，林中谁来得最早？

1. 读正确：自由读——指名读

2. 象形字"巢"：上面的"撇点"就是小鸟的头，中间像碗一样的部分是巢，下面的"木"表示树。

【教学理念】教学"巢"时，让学生根据古字猜字说字：上面的"撇点"就是小鸟的头，中间像碗样的部分是巢，下面的"木"表示树。接着，利用课件直观演示"巢"字变化。"巢"字是象形字，教学中图字结合，凸显了象形字从图形到文字的有趣演变过程。汉字在学生眼里不再是死气沉沉的方块，而是栩栩如生的图画；不是干巴巴的笔画组成，而是流畅的线条挥画。

3. 拓展"牌"：

①联系生活：你见过什么牌？它们的形状有什么相同的？

②理解"片字旁"：表示扁扁的薄薄的

③读好：崭新的木牌

3 新的反义词：破旧

红领巾带来的却是——崭新的木牌

【教学理念】在"牌"字的教学中让学生联系生活说说见过什么牌？从图片中发现"牌"的形状都是扁扁的薄薄的，形象直观地渗透"片"字旁的意思。从汉字文化本身出发，让学生感受汉字的灵动与形象。在"美"与"理"同构共生的拔节点上滋生出学生对汉字的特有情结，传承中华汉字文明。

4 引读：

上面写着——请爱护小鸟！

怪不得小鸟高唱——"红领巾"真好！（指题目）

5. 第三节

过渡：我们也学小鸟来唱一唱！

指名读——齐读

6. 全篇诗歌问答读

五、拓展说话

过渡：我们也像小鸟一样呢！

1. 课间，校园里谁最快乐？

2. 填空说话：

课间，校园里谁最快乐？

是可爱的小朋友，

叽叽喳喳，蹦蹦跳跳，

一会儿_____，一会儿_____。

课间，校园里谁最活跃？

是____的小朋友，

叽叽喳喳，蹦蹦跳跳，

一会儿_____，一会儿_____。

【教学理念】叶圣陶先生曾指出："语文学习，要让学生认识语言现象，掌握语言规律，学会正确熟练运用语言。"学习语言，具体包括三个方面，首先是学习字词句以及段篇，这是构成语言的物质材料；其次是学习听、说、读、写等运用语言的技能，这是语文能力的具体体现；第三是学习必要的语言知识和规律。对于低年级孩子来说，主要通过对课文词句的模仿实现积累语言的目的。因此，在本课教学中，我十分重视学生在实践中积累和运用言语的意识，通过模仿一二小节诗歌进行说话的环节，使学生在模仿中感悟语言，在实践中生成语言，通过内化、发展、运用语言来提升自己的语言能力。

六、学法迁移，书写"跃"字

1. 注意点：两颗星——左窄右宽撇穿插，第三颗星——笔画多时要压紧

2. 师范写

3. 学生写

4. 星级点评

本课在宁海县 2016 年 11 月 4 日 "十三五" 教师专业发展（90 学分）培训中进行展示课教学。

浣溪沙

（人教版语文六年级下）

张强强

教学目标：

1. 掌握生字，读通读顺词，读出韵味，理解词的大意。

2. 通过反复朗读，想象画面感受词的意境。通过简单了解子规和流水两个意象在古诗文中的含义，帮助理解重点语句。

3. 通过拓展课外诗作材料，多角度体会词中蕴含的人生感悟。欣赏、感受苏轼乐观豁达的人生心态。

4. 背诵全词。

教学步骤：

（一）介绍意象导入

我国是一个诗歌的国度，古代诗人在写诗的过程中，逐渐将人类的主观情感寄托在一些客观事物上，我们将这些被赋予特殊含义的物体称为意象。课前，老师给同学们介绍几个古诗中常见的意象，同学们可以根据诗句，猜猜这些意象有着怎样的含义。

1. 明月，表达思乡、思亲之情。

例句：露从今夜白，月是故乡明。杜甫《月夜忆舍弟》

举头望明月，低头思故乡。李白《静夜思》

（第一个意象是明月。一起来读读这两句诗，猜猜明月代表什么含义？它的含义很多，比较常用的是表达思乡思亲之情）

2 柳，"柳者，留也。"古人有折柳送别的习惯。古诗中常用"柳"表依依不舍的离别之情。

杨柳东风树，青青夹御河。近来攀折苦，应为别离多。王之涣《送别》

（师读注释 生齐读诗句）第二个意象是柳，（师读注释）一起读读王之涣的这首《送别》。

3 杜鹃鸟（又叫布谷鸟、子规鸟），倾诉悲苦、哀怨之情。

但见悲鸟号古木，雄飞雌从绕林间。又闻子规啼夜月，愁空山。李白《蜀道难》

其间旦暮闻何物，杜鹃啼血猿哀鸣。白居易《琵琶行》

杜鹃鸟又叫布谷鸟，子规鸟。这两首诗很有名，也有些难度，老师来读，你们听。你觉得杜鹃鸟的叫声代表了什么？

（忧愁、哀怨、悲苦）关于杜鹃还有一个故事呢，（时间不够就课下去查一查）想听吗？

传说周朝末年蜀地的君主，名叫杜宇。因为自己的臣子鳖灵有功劳就把王位禅让给了他，自己归隐山林去了。结果这个叫鳖灵的臣子当了皇帝后，性情大变，干尽了坏事。杜宇后悔不已，死后化身为鸟，不停地啼叫，以至于口中流血，其声哀怨凄悲，这就是杜鹃鸟。

这三种意象的含义，记住了吗？考考你们，出示图片，生说。

明月，思乡思亲。柳树，依依不舍的离别之情。杜鹃鸟的叫声，悲苦、哀怨。

(二) 揭示课题，介绍词牌名、作者

1. 准备好上课了吗？我们今天要学习的这首词叫浣溪沙，齐读课题，浣溪沙是这首词的题目吗？（词牌名）词牌，就是词的格式的名称。这是常见的一些词牌名，我们一起来读读（长相思、渔歌子、念奴娇、满江红、忆江南、卜算子、清平乐）

2. 这首词的作者是苏轼，简单了解下作者苏轼。（PPT）

苏轼（1037—1101年），字子瞻，世人称其为"苏东坡"，北宋杰出的文学家，是豪放派词人代表。（板书豪放派）

这节课就让我们领略一下这位豪放派词人的风采。

(三) 初读课文，读准读通读顺读出节奏读出韵味

1. 明确朗读要求

请同学们拿出课本自由朗读《浣溪沙》这首词。注意，要仔仔细细读上四遍。读前两遍的时候，注意词当中的生字和多音字，要把词读得字正腔圆；读后两遍的时候，要注意把它念通顺，注意词句内部的停顿，明白了吗？（明白）自由朗读《浣溪沙》开始。

PPT 出示《浣溪沙》

2. 指导读好小序

这首词有段小序，要读好它，需要一定的文学功底，谁来试试？

游/蕲水/清泉寺，寺/临/兰溪，溪水/西流。

指导学生停顿，（评价学生，老师来读一读）师示范读，生齐读。

3. 初读，读准字音

好，谁来读一读这首《浣溪沙》，其他同学注意听，这首词当中的三个生字，一个多音字，他读准了没？（生读）

师评价：读得字正腔圆，浣溪沙的浣、蕲水的蕲、子规啼的啼是生字，无再少的少，是个多音字，在这里是年少的意思，都读准了，真厉害！

4. 再读，读出停顿、读出节奏

再找一位同学来读一读这首词，其他同学注意听，他在读的时候，词句中间是怎么停顿的？是不是读得有板有眼？

山下兰芽短浸溪，他在哪里停顿了一下？（　）这首词正文一共六句话，每句话都是七个字，每句的停顿都是在读第二个第四个字之后，（PPT 出示停顿）找到这种节奏会读得更好，

谁再来读一读这首词？（　）一起来

5. 三读，配乐读出韵味

读得真好，同学们，我们读古代的诗词，不但要要读正确，读的有节奏，还要读出它的味道，比如这首词第一句山下兰芽短浸溪，（大声读）有兰芽初发的娇嫩和小溪潺潺的感觉吗？比如你这样读（轻轻淡雅）山下兰芽短浸溪有味道了吗？读词就要读出这样的味道来。你们试着读一读，争取读出你的味道和感觉。生再读。PPT 配乐。

（好下一个谁再来，我们一起来读，读出你的味道和感觉）

（四）品词，理清词的三个写作视角

同学们，词读百遍，其义自见。接下来咱们细细地品一品这首词吧，谁

来给大家读读这首词前面的小序,其他同学想一想它告诉我们哪些信息?

(游览的地点——清泉寺 清泉寺旁有一条河叫兰溪,兰溪特殊的景观溪水西流)

苏轼在游览清泉寺的过程中,都看到了什么?听到了什么?想到了什么呢?请同学们再去读一读这首词,在课文纸上圈一圈。

(找学生写在磁条上,贴上去)

看到的　　山下　兰芽　溪松　沙路　流水

听到的　　暮雨　子规啼

(想到了什么?谁道人生无再少?这个反问句改成陈述句怎么改?把无换成什么字?可、能)

想到的　　人生可再少 白发 黄鸡　(PPT 出示)

(五)学习上阕

概括画面:

1. 作者看到的和听到的景物集中在词的上阕。谁来读一读。生读。

2. 概括画面标题

上阕三句词分别描绘了三个画面,能用诗句中的字概括地说说吗?

兰芽浸溪　　沙路无泥　　暮雨子规啼

想象画面、品味画面:

交流这三幅画面,你最喜欢哪一幅?可以用简洁的语言描述一下这幅图,也可以说说你读了这句话的感受。

1. 这兰芽浸溪让你感受到了什么?推测一下这是什么季节?春天的兰芽虽然还藏在溪水里,但是仍能让人感到什么?

(生命力、充满希望)读一读吧。

2. 这沙路无泥路边青松写出了清泉寺的——(洁净高雅)

3. 这潇潇暮雨子规啼给你怎样的感受?

(这是怎样的雨?(小雨)　这样安静的山,这样幽静的路,淅淅沥沥的雨中传来几声鸟叫,让你感觉特别——安静、美)

读出画面美。(走进诗人内心情感世界)

4. 读画面。这么美的画面,让我们一起读出它的美!(生齐读)

老师也想和你们一起读一读。

山下兰芽————短浸溪

松间沙路————净无泥

潇潇暮雨————子规啼

（关注意象、介绍背景）悟心情

5. 读了上阕后，你能用一个词来描述作者游览清泉寺的心情吗？（愉快、高兴）有不同的理解吗？我们来读读第三句（生1 2 3 4一起来）什么时候下的雨？（傍晚）什么鸟在叫？（子规）还记得杜鹃鸟的叫声代表什么吗？（悲苦哀怨）原本愉快的春游，苏轼为什么忽然悲伤起来了呢？我们一起来了解这首词的写作背景吧！（生读）

苏轼四十六岁那年，政敌李定等人摘引他的部分诗句，指控他诽谤朝廷，苏轼被捕入狱一百多天，史称"乌台诗案"。他出狱后，被贬为黄州团练副使。这段经历对苏轼而言是一个重大的打击。

到黄州后，苏轼又身染重病，幸被名医治愈，与医生同游清泉寺，写下这首词。

（1）再来说说苏轼游览清泉寺时心情怎样？（复杂 有舒适也有忧愁）

（2）总结：指板书，当看到兰芽浸溪、沙路无泥时，苏轼内心是——愉快的，当听到潇潇暮雨子规啼时，苏轼内心是——悲伤的，所以他的心情是复杂的。带着自己的理解，一起读读上阕。

（六）学习下阕

1. 经历了官场风波，饱受疾病困扰后的大文学家苏轼是意志消沉，还是展现他的那份乐观豁达呢？我们继续品一品这首词的下阕。谁来读一读？

解释词语，疏通句义：

2. 这里面几个词语，咱们需要理解下

谁道人生无再少的道是——说的意思 少是少年，年轻 门前流水尚能西的尚是——还的意思。休将白发唱黄鸡的休是——不要，白发是老年，黄鸡——感慨时光流逝。

借助古诗、关注流水意象：

3. 下阕写的是作者游玩中触景生情发出的感慨，是怎样的景触动了大文豪苏轼的内心？（溪水西流）

这首词几次提到溪水西流？（两次，小序，下阕）

为什么苏轼会对这个场景如此在意？（生先说，再出示诗句）

我们来看几句诗、出示诗句。（生读）

百川东到海，何时复西归？汉乐府《长歌行》

滚滚长江东逝水，浪花淘尽英雄。杨慎《临江仙》

低眉看尽水东流，仰天望断雁南飞。白玉《南宋》

有什么发现？水都是向东流的。

而且在古代流水常用来比作——时间，比如：

孔老夫子在河岸上看着浩浩荡荡、汹涌向前的河水说："逝者如斯夫，不舍昼夜"，意思是：时间就像这奔流的河水一样，不论白天黑夜不停地流逝。

时间像东流水一样，一去不还，所以当苏轼看到溪水西流，触动内心，精神为之一振，豪迈地说——（生齐读）

谁道人生无再少？门前流水尚能西！休将白发唱黄鸡。

4. 能用自己的话说说作者发出了怎样的感慨吗？

谁说人老了不能再变成少年了？门前的流水还能往西流呢，不要在年老的时候因为时光流逝而悲伤了。

5. 谁能读好这几句词？你觉得应该用怎样的语气才能读好这几句词？

（1）反问句加强语气，强调观点，请你读出这种强烈的语气。

（2）（语气强烈）请你读出作者坚定的态度。

老师先范读，生再读。强调反问、尚、休将。

学生相机读这几句。

引入材料，对比体会苏轼的豁达乐观。

6. 谁道人生无再少？同学们，这里的"谁"指的是持哪种观点的人？如果这是一场辩论赛的话，苏轼反驳的是哪些人？

（感慨时光流逝、悲伤人生苦短、年老的人）

这些人可不在少数，我们来看：

花有重开日，人无再少年。关汉卿《窦娥冤》

君不见高堂明镜悲白发，朝如青丝暮成雪。　　李白《将进酒》

夕阳无限好，只是近黄昏。　　　　　　　　　李商隐《登乐游原》

（1）当关汉卿感叹人生不能重来时，他写道（生齐读）

花有重开日,人无再少年。

苏轼却乐观地说——(生齐读下阕)

(2) 我们的浪漫主义诗人李白也曾因白发满头,悲观地吟诵道(生齐读)　君不见,高堂明镜悲白发,朝如青丝暮成雪。

(老师再读)

苏轼听闻此言,说道——(生齐读下阕)

(3) 夕阳再美好,也即将消失。李商隐触景生情,不舍地说道
(生齐读)夕阳无限好,只是近黄昏。

苏轼开导他说——(生齐读下阕)

(4) 拓展阅读、再感苏轼乐观豁达

面对这么多悲观消极的人,苏轼会不会改变自己乐观豁达的心胸?(不会)再读,苏轼绝不是一时兴起才写出这样乐观的诗句,在其他诗作中也能看到他的这份豪迈与乐观,比如下面这些诗句。咱们一起合作读一读。

《江城子·密州出猎》苏轼

老夫聊发少年狂,左牵黄,右擎苍。

酒酣胸胆尚开张,鬓微霜,又何妨!

《定风波》　苏轼

竹杖芒鞋轻胜马,谁怕?一蓑烟雨任平生。

回首向来萧瑟处,归去,也无风雨也无晴。

《六月二十日夜渡海》苏轼

九死南荒吾不恨,兹游奇绝冠平生。

《水调歌头》苏轼

人有悲欢离合,月有阴晴圆缺,此事古难全。但愿人长久,千里共婵娟。

(5) 读完,你仿佛看到了一个怎样的苏轼?我们从中看出了苏轼的——乐观、豁达、积极向上的人生态度。

(6) 背一背,这首词能背下来了吗?一分钟时间练习,谁能背一下?一起来,背不出的可以偷偷看一下课本。《浣溪沙》苏轼,起——

(7) 唱一唱,这首词既可以读也可以唱,想唱吗?跟着音乐一起唱吧。

(8) 最后,老师问你一个问题?人老后还能不能回到少年?(不能)那

为什么苏轼还要说谁道人生无再少？他想表达的真正意思是什么？（珍惜余下的时间，保持乐观积极地生活态度）

希望大家爱上苏轼的诗词，更爱上他的这份乐观豁达！课下把这首浣溪沙背下来。可以吗？再见！

板书

浣溪沙
苏轼　　豪放派

看			兰芽浸溪 沙路无泥	景
听			暮雨子规啼	
想	白发	黄鸡	人生可再少	情

《轻松"驾驭"键盘》教学设计

（宁教版信息技术三年级下册）

谢淑虹

一、教材分析

《轻松"驾驭"键盘》选自宁教版信息技术三年级下册第一单元的最后一课。在此之前学生已经认识了键盘的四个键区，八个基本键，上、中、下排字母键的基本指法，为本节课的综合性指法练习打下了基础。但学生的打字速度参差不齐，很少真正用盲打的方式完成键盘输入。本单元的核心内容是键盘指法训练，用盲打的方式完成键盘输入。主要教学目标是让学生在不断探索的实践练习中熟悉主键盘区的字母键并在不断的操作体验中掌握击键要领，同时让学生养成良好的坐姿习惯，掌握字母键的综合指法要领。

二、教学目标

1. 熟练掌握上、中、下排键的基本指法和技巧，用盲打的方式完成键盘输入。

2. 学会用打字软件进行打字练习。

3. 保持指法练习的兴趣，意识到熟练的指法需要经过认真持续的练习才能达到。

三、重难点

重点：掌握字母键的基本指法和技巧，养成规范击键的习惯，学会用金山打字通练习字母键；

难点：保持指法练习的兴趣和持久度，追求一定的打字速度及盲打技巧。

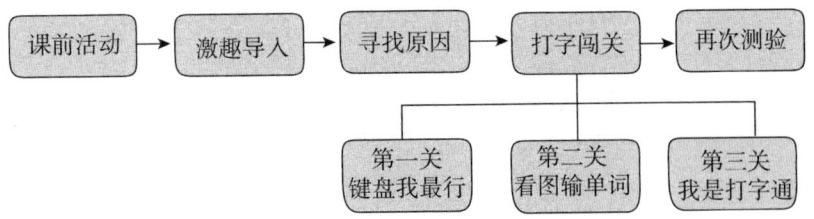

四、教学流程

（一）课前活动

分发字母 A－Z 输入游戏 flash，学生试玩字母 A－Z 的输入游戏，测试 A－Z 输入需要多少时间。

• 设计意图：这是一个课前热身的活动，活跃课堂气氛，让学生迅速进入上课状态。最重要的是彰显对比的作用，同学之间的对比，与高手之间的对比，与课结束时的对比，为接下去的课堂流程埋下伏笔，起到前测的作用。

（二）激趣导入

播放新闻视频（台湾小学生从 A－Z 的打字输入只需 0.3 秒）

• 设计意图：因为学生课前刚刚体验了完成 A－Z 所需的时间，都是同年龄的学生，高手打字只需 0.3 秒，这时学生会有崇拜之情，所以新闻视频起到了良好的导向和模范作用，教师指引学生明白通过练习自己也能轻松驾驭键盘。

（三）寻找原因

看到了与高手之间的差距，那么来找找同学们打字速度不快的原因，出示一位同学平常打字习惯的两张照片。

图 1：学生用一根手指来打字。（原因 1：指法不正确）

图 2：低着头看一个打一个。（原因 2：没有做到盲打）

• 设计意图：让学生明白轻松驾驭键盘的首要秘诀就是：正确的指法＋全键盘盲打。

（四）打字闯关

1. 第一关：键盘我最行

出示一个键盘图，其中好几个键被涂得抹模糊不清，让学生来补充键盘完成本关，获得"实习打字员"的称号。

• 设计意图：考验学生对键盘的熟悉度，学生已学完上中下键的内容，这一关的游戏体验，其作用是一边带着学生回顾以前学过的上中下键盘的字符，一边进一步的熟悉键盘。

2. 第二关：看图输单词

分发"看图输单词"的 flash 小游戏，学生在图片下方输入对应的英文单词。游戏规则：学号单数同学先进行闯关游戏，双数同学在一旁当小老师监督。小老师监督职责：1、指法是否正确 2、是否盲打 3、单词是否正确。然后双数同学闯关，单数同学当小老师。

完成本关，获得"初级打字员"的称号

• 设计意图：让学生养成良好的打字习惯，真正了解盲打和指法对打字练习的重要性。学生在监督同桌的同时可能也看到了一些自己打字的不良习惯。所以这部分的设计使学生在当小老师时像照镜子一样发现自己的不足并纠正习惯。

3. 第三关：我是打字通

介绍金山打字通软件，导入事先准备好的英文短文，让学生在金山打字通中完成闯关练习。

完成本关，获得"高级打字员的"称号

• 设计意图：通过辅助软件的练习，提高了学生打字练习的兴趣，加快了文字输入的速度。学生通过三关的游戏，从熟悉键盘到练习单词，从练习单词到练习短文，难度一层一层递进，让学生在保持学习兴趣的同时掌握打字技巧，养成良好习惯。

（五）再次测验

课堂最后再一次进行字母 A－Z 的打字游戏测试，与课前的测试时间进行对比，请同学们说一说是否进步，以及进步的原因。老师进行课堂总结。

• 设计意图：经过实践，学生在后测中或多或少都有进步，有些进步还比较显著，比如：前测 70 多秒，经过一节课练习缩矩至 30 多秒。所以这样的设计一是大大提升了学生的成就感与满足感，二是让学生亲身体验到通过一节课的练习就能达到提高打字速度的效果，能够在以后的练习中坚持盲打的方式，持之以恒练就弹指神功。

用数对确定位置

(人教版五年级上册)

严 艳

教材分析：人教版五年级上册第二单元《位置》第 19 至 20 页，一上《位置》东南西北，三下《位置与方向（一）》八个方向，六上《位置和方向（二）》方向与距离。小学阶段关于位置的共有教学四个单元，难度由低到高呈螺旋上升。教学中贯穿着这样一条线索：由用"自己的方法"，到用"第几列第几行"，再到"数对"。

教学目标：

1. 探索确定位置的方法，初步理解数对的含义，能够用数对表示具体情境中物体的位置，并能在方格纸上用数对确定物体的位置。

2. 使学生经历由具体的座位图到抽象的平面坐标图的过程，提高抽象思维能力，发展空间观念，增强解决实际问题的能力。体验数学与生活的密切联系，体会数学的价值。

3. 通过观察、发现、总结、归纳，发展识图能力。

教学重点：会根据已知条件正确用数对表示物体的位置。

教学难点：多种形式运用数对解决生活中的数学问题。

教学准备：课件、练习纸、资料卡，学生准备文具盒、尺子、遥控笔，U 盘，电脑，卡纸，水彩笔，练习纸，调动情绪

课前谈话：今天我们在（　　　）一起学习数学课，先互相认识一下吧。我来自星海小学，姓严，大家可以叫我（严老师）。谁想先介绍自己？（4－5 个学生自我介绍）

大家的表达能力都很棒，简洁清楚，让老师一下子就明白了。

一、教学"列、行"，导入新课

师：你能介绍一下自己现在的位置吗？（3-5人）

（学生可能回答：我在第几组的第几个；我是第几排的第几个；我的前后左右分别是谁？），师：回答很简洁、完整。有些说大组、小组，有些说行、列，有些说排、个……有点混乱。

看来我们需要统一的标准。

小结：数学上我们统一把竖排叫"列"，横排叫"行"，规定以观察者的角度看最左边是第一列，然后依次是第二列……观察者的最前面开始数起是第一行，第二行……

（边说边比画并出示PPT）

师：在我们教室里，这是第1列，第1列的同学手举高，这是第二列，……

这是第1行，第1行的同学请挥挥手，第2行……

师：现在用"列，行"再确定一下你的位置。（板书：列　行）

（生：我在第几列，第几行），记录2个在黑板上。

师：这样的介绍比刚才准确多了。今天这节课我们一起研究与确定位置有关的知识。

（板书：确定位置）

设计意图：统一表达方式，为之后教学中运用数对表示位置做铺垫，培养学生的表达能力和完整表达的习惯。

二、自主探究，理解数对的含义

（一）出示例1座位图，教学数对的含义和读写法

师：刚才我们用"第几列，第几行"介绍了自己的位置，张亮同学觉得还不够简洁，他说："我在数对（2，3）的位置上"。你明白它的含义吗？谁再来说一说？

生：2表示第2列，3表示第3行；

第2列，第3行的位置可以用数对（2，3）表示。（3-4个说含义）

师：第2列，第3行，交叉的位置就是张亮。

小结：（板书：（2，3））第一个数表示列，第二个数表示行，中间用逗号隔开，用括号括起来表示这是一个整体，这样的一对数叫作"数对"。

（2，3）读作数对二、三

师：这就是今天要学习的"用数对确定位置"。（板书：用数对确定位置）

板书中学生的第几列第几行用数对表示

师：那第3列第5行可以用哪个数对表示呢？

第4列第2行呢？　　　怎么读？怎么写？

生：用数对（3，5）表示，第一个数3表示第三列，第二个数5表示第五行，中间用逗号隔开，再括号括起来。

师：（手指板书）观察这两种表示位置的方法，你想说什么？

（用数对更简洁）板书：简洁

设计意图：将"行、列"的生活表达习惯与数对的表达方式相连接。教学数对的意义和读写法。

（二）随堂练习

师：现在你能用数对分别表示他们的位置吗？请记录在练习纸第1题上，

完成的请用姿势告诉我。（独立作业，教师巡视，个别指导，逐个汇报，PPT展示）

层次一：根据位置写数对

师：孙芳的位置用哪个数对表示？表示什么意思？李小冬、周明、赵雪、王艳呢？

孙芳在数对（2，2）的位置上，表示第2列，第2行……（注意读法和含义）

李小冬在数对（2，1）的位置上，表示第2列，第1行。

层次二：同列或同行

师：观察张亮、孙芳、李小冬的位置，并比较这三个数对，你有什么发现？

生：她们都在第二列，而数对的第一个数都是2。同列不同行。

师：再观察周明、张亮、赵雪的位置，并比较这三个数对，你又有什么发现？

生：第二个数都是3，也就是说（他们都在第3行），同行不同列。

层次三：数字先后顺序相反

师：大家看一下这两组数对，数对（3，4）、数对（4，3），同样有数字3和4，为什么表示的位置却不同呢？

（生：虽然两个数相同，但是前后顺序变了，表示的位置也就不同了。）

小结：两个数的顺序不一样，意义就不同，表示的位置完全不同。

层次四：根据数对找位置

师：你能根据这个信息，找到王乐的位置吗？（学生上来指）你是怎么找的？

（生：先找第6列，再找第4行）

设计意图：通过不同形式的练习，结合具体情境，让学生理解数对的意义，以便本课知识点的落实。

（三）实践迁移，学生自己的位置

（1）每人的数对

师：我们用数对帮助他们确定了位置，你的位置是"第几列、第几行"，用哪个数对表示呢？请写在练习纸上，再和同桌说一说（生……）全课时间叫人都用数对。

（2）某人、某列、某行、全班斜线

师：现在老师出示几组数对，是你的位置就起立，其他同学用手势判断一下是否正确。

(3，5)　　(5，2)　　(4，2)　　(2，4)　　(1，△)

(☆，3)　　(△，△)　　(△，☆)

师：我在数对（3，5）的位置上，第3列第5行。

师：同列（1，?）怎么站起来那么多人？（生：因为我们都是第1列的。）

同行（?，3）（在同一行，但是不同列上）……(2，3)

同斜线

师：小小数对，真简单，大家一学就会了，老师增加一点难度，看看你会用吗？

这位同学，你的位置用哪个数对表示？

生：我的位置用数对（　，　）表示。

师：你前面那位同学用哪个数对表示呢？怎么想的？

生：他跟你同（列），所以第一个数都是（　　）；行比你少1，几－1＝几，所以就是（　，　）。

师：前面那位同学，他说的对吗？

你右边那位同学呢？

他跟你同（行），第二个数都是（　　），列比你多1，几＋1＝几，所以就是（　，　）。

师：右边这位同学，他说的正确吗？你的位置是数对（　，　），你后面这位同学的位置是数对（　，　），怎么想的？

走出一个路线图。

设计意图：前后呼应，从座位图得出数对，再回到当下的座位图，用数对表示每位同学的位置。并通过前后的位置关系，确定某一位同学的位置用哪个数对表示。

三、生活运用

师：我们班的同学非常爱思考，不但会找到自己的位置，还能根据自己思考前后左右同学的位置。除了座位，地图上图标的位置也可以用数对表示。

（一）出示文字路线图，用数对表示

情境：这不，赵雪和王乐准备去动物园游玩，两人边看地图边考对方。赵雪说："王乐，我想去大象馆——熊猫馆——狮虎山，你能用数对表示我的路线图吗？"

（二）出示数对路线图，用文字述说

师：解决了赵雪的问题，王乐也发问了："赵雪，我的路线是（2，2）——（0，3）——（3，5），你猜我去了哪些地方？"

（三）一格表示100米，向上是北

熊猫馆以东300m处是游客服务中心，请你标出来。

熊猫馆以北200m处是餐厅，请你标出来，你是怎么想的？

生：地图中上北下南左西右东，300米就是3格，向右3格是（ ）行不变。

设计意图：通过不同层次的练习，巩固本课知识，联系生活实际，体现"数学来自生活、用于生活"。

四、练习巩固

师：用数对可以表示人的位置，图标的位置，还可以用数对表示顶点的位置呢！

（一）写数对

师：先用数对表示三角形各个顶点的位置。

生：顶点A在数对（0，1）的位置上，顶点B在数对（2，1）处，顶点C在数对（2，3）上。

（二）向右移动

师：全对的请举手，你们真厉害！

猜一猜，三角形向右平移5格后，新顶点的位置怎么表示？为什么？

再通过画一画来验证。（学生独立完成，需要一点时间）

（三）比较并发现

师：比较移动前后顶点的位置，说说你发现了什么。（手比画课件）

向右平移时，列变行不变。

生：顶点A′在数对（5，1）的位置上，顶点B′在数对（7，1）处，C′在数对（7，3）处。

生：数对里的第一个数变了，第二个数没变。

师：那向左平移呢？（左右平移，列变行不变）

（四）猜一猜

师：向上平移5格呢？不去画，猜一猜，顶点A的位置变成……你来猜猜看？

你是怎么想的？你说呢？请多个学生猜测，记在旁边。

（多人猜测，营造氛围）

生：顶点A在数对（0，6）的位置上……B″（2，6）；C″（2，8）。

师：好的，现在开始揭晓答案……你对了吗？请举手，全对的有多少，你们太棒了！

比较移动前后的顶点位置，你又发现了什么？（向上平移时，行变列不变）

师：那向下平移呢？也就是说……上下平移时，行变列不变。

设计意图：通过练习，巩固数对知识。

五、全课总结

师：这节课我们一起学习了什么？（用数对确定位置）

怎样用数对确定位置？（第一个数表示列，第二个数表示行，中间用逗号隔开，两个数用括号括起来。）

师：这节课大家的表现怎么样呢？就藏在这些数对里呢，你能找出来吗？

你们太棒了！给自己一点掌声。

六、板书设计

确定位置

列　行

(2，3)

第1列　　第4行　　　　(1，4)　　　　准确

第3列　　第5行　　　　(3，5)　　　　简洁

西沙群岛

(人教版三年级下册)

秦彬彬

低年级学生初学写话如同刚学走路的孩子,没有任何经验。培养低段学生的写话能力是语文教学的基本要求,但现在却不容乐观。从我们教师来讲,写话素材缺乏,主要集中于每单元考试卷的看图写话;从学生来讲,口语表达能力较强,但转化为书面表达时,他们语言贫乏,表达单一。长此以往,导致学生惧怕写,谈写色变。

小学语文课程标准指出:我们应培养学生写作的兴趣和良好的习惯,关注学生是否表达了真情实感,表达是否得体恰当,对有创意的表达应予鼓励。其实只要有心,我们便能发现,文本中有很多的语言训练点。只要我们给予学生一定的表达空间,尝试着从阅读中找到表达的训练点,让孩子试着模仿文本中的语言形式,便能达到阅读与表达的共生长的目的。我们要充分挖掘教材中及其丰富的写话资源,从读中学写,读写结合,指导学生进行多形式、多层次的练笔训练,为写好话铺路子。

课前导入

"群"概念的形成:

1. 一只鸟 一只只鸟 群鸟

蓝蓝的天空下,飞来了一只鸟,(板画鸟),鸟儿唱着歌,吸引了(添几只鸟)一只只鸟,这么多鸟,我们可以称为"群鸟"。

2. 一座山 一座座山 群山

鸟儿的下面,是一座山(板画山),看清楚了,添几笔(板画),是一座座山，也可以说是"群山"。

3. 岛

神奇的事情发生了，加上水和沙（板画），它成了一座海岛。教师板书：岛。

［在小学低段的字词教学过程中，加强形象思维的训练和培养，不仅可以激发学生的兴趣，提高学生学习的主动性，还能拓展学生的学习视野，促进学生学习思维的发展；同时也能为字词教学提供广阔的空间，有助于提高语文教学的效果。］

教学过程

一、揭示课题

1. 谈话：在我国的西沙，有许许多多这样的海岛，我们称为"西沙群岛"（板书）。

2. 看图：看，这就是西沙群岛。

3. 揭题：今天我们就来学习课文——富饶的西沙群岛。（板书）

4. 齐读

二、初读课文、整体感知

（一）读通课文，出示读书要求

西沙群岛是个怎样的地方呢？请同学们自己读读课文。看清楚读书要求，谁来说第一个要求。

1. 读准字音，读通课文。

2. 用一句话说说西沙群岛是个怎样的地方。

3. 你最喜欢哪个地方呢？选一个，多读几遍。

开始读吧。

（二）检查词语

1. 你们读得真认真，词语肯定都会了，谁来？

2. "蠕动"词语教学

a. 读准：这个词你都能读准，真能干。

b. 个别读：还有谁也想读？

c. 词义：蠕动就是很慢很慢地动。

d. 齐读：一起来读。

3. 好，请你接下去读。

4. 齐读。（词语都读准了，真不错！）

（三）找出总起句，回归课题

a. 找：现在我们来解决第二个问题，谁能用课文中的一句话说说西沙群岛是个怎样的地方。（找得真准）

b. 读：是啊，那里——（接读）

c. 理解"丰富"。

这句话中有个词和课题中的"富饶"意思一样，是——"物产丰富"。（眼睛真亮！）

d. 谁能把整段话连起来读一读。

（四）理清文章板块

1. 相机正音

现在我们来解决第三个问题，你最喜欢哪个地方，读给大家听听。（生读，相机正音）

2. 原来你喜欢西沙群岛的海底。还有哪段介绍海底的？还有什么地方吸引你？

a. 这段话向我们介绍了西沙群岛的——

b. 原来，你喜欢西沙群岛的——

（海滩、海面、海岛、海底）（板贴）

［通过抓中心句，获得了整体体验。］

三、抓住关键词，学习第3自然段

（一）读好读懂第3自然段

（1）出示段落

西沙群岛最神秘的就是它的海底了，我们一起去看看。（读）

（2）找出三种景物

a. 数一数这段话有几句？一人读一句。

b. 分别向我们介绍了什么景物呢？找到以后，圈一圈。

反馈：珊瑚、海参、大龙虾

c. 学生纠止：没有找全的同学赶紧补充完整。

d. 课文就是向我们介绍了：珊瑚、海参、大龙虾。（板贴）

（二）抓住关键词，扶学第一句

他是怎么把这三种景物写具体的呢？（停顿）

我们先看看作者是怎样把珊瑚写具体的。

1. 读准第一句，想象画面

谁来读一读描写珊瑚的句子，其他同学一边听一边想象，你仿佛看到了怎样的画面？

2. 交流：读着读着，你好像看到了怎样的珊瑚？

3. 抓住关键词语

a. 形状美　有的像……有的像……

（原来你是抓住了关键词帮你读好了课文）你从哪些词语看出来的？

b. 读出美感。

这么美的珊瑚，谁来美美地读一读？

ppt板演"_____"（一起划）

c. 介绍修辞手法

这句话用了什么修辞手法？

是啊，用了比喻的方法，珊瑚的形状就生动地展现在了我们眼前。谁也想读？

［抓住修辞手法，引导学生会用］

d. 理解"各种各样"

海底的珊瑚，有的像……有的像……（生接读），真是"各种各样"（划出）

（先找到各种各样，从这个词可以看出珊瑚的形状多了）

小结：我们通过找出关键词（强调），并划一划（动作）的方法，不但读懂了，还读好了句子呢！

［段的训练是二年级的训练重点。本堂课凭借本篇课文句群种类多，结构典型的有利条件，进行句群结构的分析，让学生认识其特征，掌握由句子——句群——段落的组合规律，明确句子之间的逻辑关系。］

（三）运用学法，学习第二、三句

作者抓住了珊瑚的形状把它介绍具体了。（慢慢说 板贴形状）那后面两句又是怎么把海参和大龙虾写具体的呢？

请你默读2、3句，找出关键词，划一划。（强调，慢慢说）（指导）

1. 出示第二句，抽生读

海参是怎样的呢？谁来读？

2. 抓住动作"懒洋洋地蠕动""到处都是"

a. 交流

蠕动就是——（学生接）

b. 运用词语

除了海参，还有哪种动物会懒洋洋地蠕动。

_____懒洋洋地蠕动

c. 海参可懒了，一小时才蠕动3米远呢！

d. 板贴：动作

这动作可真够慢的。

谁来当海参，读一读。

谁也像他这样抓住了动作的词语，没划的赶紧划一划。

e. 找"到处都是"

海参除了动作慢，还有什么特点？

f. 生交流

哦，原来你是抓住了这个词语。没划的赶紧划好。

"到处都是"齐读

g. 板贴"数量"

"到处都是"可见海参的——"数量"真多呀。

请男孩子带着我们感受一下。

3. 放手自学第3句

a. 那大龙虾呢？谁来介绍介绍。

b. 读得这么好，你是抓住哪几个词语帮你读好的。

c. "划过来，划过去"这是大龙虾的"动作"（板贴）

"全身披甲，样子挺威武"，这是它的"样子"（板贴）

d. 齐读。现在我们就是大龙虾了。一起在海底畅游吧。

[教师由扶到放，让学生轻松掌握学习方法。]

（四）积累背诵

1. 去掉关键词

刚才我们抓住了关键词帮助我们读懂、读好了课文，现在把这些词去掉，你还会吗？自己先试试。（2个展示，齐展示）

2. 段落积累

真棒，现在老师把这三种景物的提示语都去掉了，你还会吗？

看看要求（生读）

3. 学生背诵（3人：中，好，极好）

（五）明确段式

1. 能不能把这三种景物的顺序换了读呢？（换两种顺序）

2. 像这样一段里面介绍了不同东西，还可以变换顺序的方式就叫"并列"。（板贴）

四、迁移学期第五自然段

1. 欣赏了海底的风光，我们也去海滩领略领略

a. 默读课文找一找，这一段写了哪几种景物，找到后，圈一圈。

交流：贝壳 海龟（贴，圈，圈完整的举手，快补充完整）

b. 再次默读第五段，哪些词语帮我们认识了贝壳和海龟，划一划。

c. 交流。

哪些词语让你了解了贝壳（变色）

这些词语向我们介绍了贝壳的颜色和形状

海龟呢？（变色）

这些词语介绍了海龟的动作和数量。

2. 明确段式

第五自然段也是并列地写了两种景物——贝壳和海龟。它们中间用了这句话连接起来，就像一根绳子把它们紧紧牵在一起。（男女老师合作读）

五、练笔运用

作者运用并列的方式分别介绍了海底的珊瑚、海参、大龙虾三种景物，通过抓住景物的形状、数量、动作、样子等方式，把它们写具体了。介绍海滩的时候也用上了同样的方法。今天我们也试着用这种方法写一段话。

同学们在海底自己选2—3种景物写一写。

（生写、展示、交流、修改）

在教学中我们不难发现，学生的模仿能力是很强的。虽然低段教学中，我们不注重这方面能力的练习，但对于那些文章较为浅显、段落构造较为简单的文章，我们也不妨试一试。

像这样在写法上独具特点的片段，可以作为读写结合的"点"进行仿写。这样的仿写，不但激活了学生的思维，而且也丰富了学生的语言。

PEP 2　UNIT3 Meet Animal Friends C story time

Wang Dandan

一、教学目标

1. 复习巩固所学动物的单词。

2. 能听懂、会说 How many animals do you know? I know all the animals! The small one is a monkey. The big one is a gorilla.

3. 培养学生爱护动物和保护大自然的情感。

4. 能灵活运用知识来进行故事表演。

二、教学重难点

1 重点：掌握动物单词：gorilla, lion, zebra, horse, fox, wolf；句型 How many animals do you know? I know all the animals! The small one is a monkey. The big one is a gorilla.

难点：故事表演。

三、教学步骤

Warm – up

教学环节	教师活动	预设学生活动	设计意图
Step 1	Before class：Sing a song：Animals	Sing the song, imitate animals' sounds.	活跃气氛，唤起兴趣。
Step 2	Free talk：T：Today I'm your new English teacher. I'm... And you can call me Ms... T 走近学生 I'm happy today. Are you happy? Nice to meet you! What's your name? How old are you? I like dogs. What about you? ...	Yes. Nice to meet you, too....	
Step 3	Listen and Guess：听声音猜动物	Listen and guess.	以游戏形式复习旧知，活跃气氛，拉近师生距离。
Step4	T：Now, Let's act the animals!	Act and say.	

Lead-in and presentation

教学环节	教师活动	预设学生活动	设计意图
Step 1	PPT 最后呈现 Zip 和 Zoom 图片，交代故事背景：They will go to the zoo to draw pictures of animals.		以动物园写生为故事背景，自然引入课文。
Step 2	PPT 呈现动物园里的场景。T：Look! They are in the zoo now. There are many animals here. What animals do you see? 引导学生描述动物特征	运用句子：It Is... It has... 描述动物，并板书。	复习已学句子，为下文做铺垫。
Step 3	T：You know so many animals! Actually, there are many other animals in the zoo. Look, Zip draws many pictures of animals. How many animals does she draw? . Let's watch the story and find the answer.	Watch the cartoon and find the answer.	第一遍带问题看视频。

续表

教学环节	教师活动	预设学生活动	设计意图
Step 4	学生回答后，PPT 呈现故事里的动物，老师和学生一起核对答案。T：Do you know all the animals? Does Zoom know all the animals?	Read the story by themselves and find the answer.	第二遍带问题读故事。
Step 5	T：Zoom doesn't all the animals. Which picture doesn't he know? 教师随后呈现 P4，并教授 monkey, gorilla. The small one is a monkey. The big one is a gorilla.	Observe and answer.	
Step 6	PPT 依次呈现另外三幅动物图片，老师教读，并贴上板书。	回答，跟读，描述，模仿，复述。	

Practice and Consolidation

教学环节	教师活动	预设学生活动	设计意图
Step 1	T：1. This time, try to read along and act. 2. Read in pairs. 3. Try to dub! 教师及时给出评价、反馈、纠正。	Read in pairs.	
Step 2	T：Now, let's act the story out. Practice in a pairs, and you have three minutes to prepare.	Prepare and act	故事虽简单，但孩子们对表演故事还是乐在其中。

Extension

教学环节	教师活动	预设学生活动	设计意图
Step 1	Watch a video about more animals. T：Animals are our friends. Animals belong to the nature!		渗透情感教育
Homework	Listen and read the story fluently.（流利地） Draw pictures of your favourite animals. 3. Know more animals through TV, internet and books, and share with your friends.		

《思维导图之动物写话》教学设计

（统编教材二下第七单元）

华怡慧

一、教学目标

1. 能够写出自己想养某种小动物的理由，用思维导图调动学生练笔的积极性，真正让习作练笔成为他们生活的需要。

2. 通过口头讲述，帮助学生初步掌握抓住动物特点的习作方法。能够养成独立构思和认真修改自己习作的良好习惯。

3. 树立动物是人类的朋友的观念，激发学生的爱心。

二、教学过程

（一）课前视频导入新课，寻找"亮眼睛"

1. 老师看到每位同学都坐得端端正正，等待着老师上课，为了奖励大家，在正式上课之前，老师给你们播放了一段有趣的动物视频。（活跃课堂气氛，有趣好玩的视频能让孩子的注意力迅速集中）

2. 同学们，视频里面的动物好玩吗？看完你有什么想说的？（通过观看短视频后回答看后的感受，短时间内激发学生对于动物的喜爱之情，增强了想养一只小动物的兴趣）

3. 真巧，刚刚我收到了贝贝宠物店的邀请函，说要请我们班的小朋友去宠物店参观。（展示邀请函）你们想一起来吗？（用生活中的较为常见的宠物

店作为主线，比较亲切自然，孩子也较有代入感）

4. （展示宠物店图片）这就是贝贝宠物店了，宠物店里的宠物应有尽有，如果你爸爸妈妈同意你把其中的一只带回家，那么你最想养什么呢？（根据日常经验，结合课前的导入视频，每个孩子对于最想养的动物都有自己不同的答案，此环节可以请较多的学生进行回答，扩充答案的范围，为后面写作的多样性做铺垫）

设计意图：对于二年级的学生来说，一节课中如果学生对课前导入产生了浓厚的兴趣，那么这节课就成功了一半。我的导入都是以生活中的例子为基础，孩子较能产生共鸣。有趣的视频能体现出每个动物身上的特点，而贝贝宠物店这个环节的加入则唤起了孩子心中对于养一只小动物的渴望之情，并结合视频进行思考，为什么想养这个动物的原因。

（二）巧借思维导图，完成初步写话训练

1. （以小狗为例）从刚刚的回答中老师听到有非常多的小朋友想养一只狗，都想和人类最忠实的伙伴交朋友。想养狗的小朋友都举起手来让我看看。谁能跟大家分享一下为什么这么多小动物里面，你最想养的是小狗呢？你最喜欢小狗的什么？说说你的理由。（集思广益，每个喜爱小狗的学生理由都不一样，多数的回答大致可以分为喜欢小狗的外形和它的特点。诸多的理由不仅可以丰富思维导图，还可以发散学生的思维）

2. 学生边回答，老师边在大屏幕上利用 XMind 填写关于喜爱小狗理由的思维导图，并有意识地将外形的理由放在右边，有关特点的理由放在左边。

3. 我们可以看到右边部分呀是跟小狗的样子有关，而左边部分呢都是一些特点和养小狗给我们带来的好处。不过我们看到这幅由所有想养狗的小朋友一起完成的思维导图非常庞大，因为这是每一个人想养狗的理由。但是当我们去写属于自己的思维导图的时候，需要写这么多吗？我们只需要挑选几个理由来写就好了。（让学生明白，写话的时候不需要什么东西都要写，都详写，要做到有选择性，并且详略得当）

设计意图：XMind 的运用，能让学生直观、有条理地去梳理每一个喜欢小动物的理由。通过众人的回答，让这个思维导图变得丰富，也如同"一石激起千层浪"，激发了其余没有回答问题的学生的思考。更为接下来的个人完成思维导图环节提供了有力支持。

4. 除了可爱的小狗，谁还想养别的小动物？请一个学生说说理由，在大屏幕上通过老师帮助完成个人思维导图。（这是基于前面所有喜爱小狗的学生共同完成思维导图之后，由一位学生在老师帮助下，自己说理由完成导图。这有较好的示范作用，其余学生将会学着这种方式写出属于自己的思维导图。但是要注意，教师切不可对学生拔高要求，有些素质较弱的学生只能写两个、三个理由也没有关系，二年级的写话重在培养兴趣，只要学生能够把自己想的理由写出来，并且在之后写话的时候写得连贯通顺就可以了。）

5. 下面给大家五分钟时间，请大家自己写一写属于你的思维导图，将你为什么想养这只小动物的理由写进去，写完了马上用自己的话连起来说一说。（有了上面的两幅思维导图做示范，学生接下来的思维导图创作也较为得心应手。写完了马上自己组织语言说一说，更大程度保证了思维的及时性，而且说的时候其实就是在动脑筋了，为后续的写节约了思考的部分时间。教师要在旁边做相应指导，适当的引导有助于学生发散思维。）

设计意图：学生在完成思维导图后趁热打铁，快速组织语言，把简洁的理由变成有血有肉的写话。并且口头组织语言减少了纸笔涂改的麻烦，节约了时间。

6. 时间到了，我这里有两份新鲜出炉的思维导图，一起来看看吧。（展示两幅思维导图）

例：我们看到你最想养的是 XX，你的理由是？（被点名的学生说思维导图上的理由）你能用自己的语言把思维导图连起来说一说吗？比如我们开头可以写"我最想养的小动物是 XX"。（说的时候注意如果学生在有关样子的叙述时有些乱，需要提醒他要有顺序性，比如从上到下）

7. 听了这么多，相信大家又有了新的想法，给大家 1 分钟时间你可以修改一下自己的思维导图，也可以再一次说一说。（简单修改或者不改，学生再次快速组织语言，提高语言表达能力）

设计意图：如果学生先前完成的思维导图出现了一些问题，就可以通过这个环节快速修改，保证了接下来写话的高效性。

8. 把你们刚刚说的连起来就是一段很好的介绍动物的文字了，接下来就到了写话的时间，在写话之前，听清楚老师的要求：请你以快速作文的形式，在十分钟内完成。你可以根据自己的能力写几句话、一段或者几段话都可以。但是如果你做到①语句通顺，②生动有趣，③字迹清晰，那么就更好了。现在开始你的写话练习吧。（写话前展示要求，让写话更有针对性，更符合规范）

设计意图：写话之前先把要求说清楚，学生的思维能够根据这几点在写话中体现出来，也为教师的评判提供了标准。

（三）慧眼识珍珠，寻找"小作家"

1. 选几份作品，学生点评可得几星，当回答生动有趣可以得星时，可以追问有趣在哪儿，顺势波浪线划出好词好句。

2. 由于强调的是快速写作，所以对字不做太大要求，只要看得清楚就可得星。

畅想机器人

(人教版第七单元习作)

陈鑫鑫

一、教学目标

1. 通过彩泥搭建场景,培养动手实践能力。
2. 运用口头表述进行介绍,发展语言交际能力。
3. 运用讯飞语记将口头语言转化成书面语言,提高习作速度。

二、教学过程

课前:

这节课老师发现大家都非常有精神,奖励一下大家,我们先来看一段视频,好吗?播放视频。

起立,同学们好!

(一)谈话导入

1. 同学们,刚才这段视频,你看到了什么?有什么想说的吗?

预设:是呀,机器人越来越聪明了;你发现好多机器人在工作;你发现机器人可以帮我们做很多的事情。

2. 这节课我们要来畅想一下未来机器人。快快把你们做的机器人拿出来吧。

（二）写作方法

1. 你这个机器人真好看，拿到投影仪上展示一下吧。

2. 能给大家介绍一下自己的机器人吗？

预设：真好，你刚才抓住了它的样子进行介绍；真好，你抓住了它的功能。（点拨，从学生的话中概括。）

【设计意图：介绍机器人，先放后收，发散思维。】

预设：哇，原来你是从样子上给大家介绍的。你把它的样子说得很清楚。我们介绍机器人可以通过样子来介绍。

3. 谁还愿意向刚才这位同学一样，根据样子和功能来介绍自己的机器人？

板书：样子功能。

4. 其他同学也在自己小组里说一说吧。

5. 你们为什么要畅想出自己手中的机器人呢？

预设：原来这就是你想畅想的原因。

板书：原因。

6. 我们在畅想机器人的时候就要围绕着这三部分进行畅想。

（三）小组合作

接下来，我们就要进行小组合作了，听清楚要求。

（话筒轮换，四个学生）

第一步：确立畅想什么机器人，并板贴。

第二步：搭建场景。

第三步：根据原因、样子、功能三方面介绍你们组的机器人。

第四步：用讯飞记录，合作修改。

限时 15 分钟。

【设计意图：用彩泥搭建机器人活动的场景，动手能力和想象能力得到发展，从玩中学，激情激趣。】

（四）交流评价

1. 好，时间到！刚才同学们讨论得很激烈，这些是你们畅想的机器人（手指白板），哪一个小组愿意上来展示一下你们的合作成果呢？

2.（1）看看这组同学场景精美吗？

（2）语句通顺吗？是不是按照原因、样子和功能来介绍下来的？

板贴　PPT 评价参考：

（1）场景精美。

（2）语句通顺。

（3）想象奇特。

附件：

课堂展示

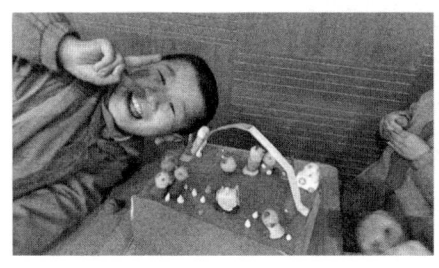 

学生习作

探索水星机器人

宁海县星海小学三（1）班　胡跃腾

到了未来，我们地球上的人口会越来越多，而资源却越来越少。于是我们就想发明了一种"探索水星机器人"。

它的结构大概是方形的。它的头是橙色的长方形，身体是蓝色的正方形，耳朵是灰色的，嘴巴是红色的。它来到水星的目标就是找出在水星中的资源、石油、矿物等带回地球。它的头上有一条天线可以和其它机器人远程合作，他只需要把发现的景物发送给其他机器人，这样就可以让其他机器人立刻赶到现场。而且它用轮子来行走，因为这样可以减少摩擦力。最重要的是它的背后还装了两个火箭，可以使它飞行。虽然它的眼睛不怎么大，但是却非常灵敏，可以迅速躲开所有障碍物。而且它有六只手，每只手抖有不同的用处。它装收资源的周围有个按钮，只要它轻轻一按，就可以把所有资源都装进去。它只需要抓住小鱼吃下去就可以补充能量。

当然，我们的机器人还有很多不同的用途，但是也有不足的地方。希望我们的科学家可以更好地完善它。

火星探索号

宁海县星海小学 三（1）吴筱悠

今后，地球上的人口会越来越多，资源却越来越少。所以人们就让机器人去火星探索新的居住资源。

火星探索号机器人的头是肉色的，身体是紫色的，手臂是粉色的，腿是棕色的。大概是由正方形、长方形和圆形组成的。它最大的特点是身体前有一个二氧化碳的收集器，可以把吸进去的二氧化碳气体用污气净化器制成可供人们呼吸的氧气。它的眼睛是一个特殊摄像机，可以拍摄有用的照片，并发布给机器人同伴。它的耳朵是两个蓝牙，可以在紧急的时刻发布信息，让同伴来救援，可以听超声波寻找水源，也可以无线连接地球的电脑。

这个机器人就是我想发明的机器人，大家希望我能发明成功并在火星上寻找到新的居住资源吗？

海底机器人

星海小学三（1）邓雨晨

我想设计一个海底机器人。因为在海底没有足够的氧气，不幸溺水的人也越来越多，人类抢救不及时就会有生命危险，所以人类需要一个海底机器人来挽救不幸溺水人的生命。

这个机器人小巧玲珑，它的头圆圆的，像一个小皮球，身体是长方形的。它不但可以帮助人们探索海底世界，还可以在最快的时间找到溺水的孩子。它的身体中间有个白色的圆圈，这是它的摄像头，只要机器人看见了溺水的人，这个圆圈就会向人类发送视频、照片和消息，让人们能第一时间知道溺水人的情况，把溺水的人救上岸。它的背上有个蓝色的万能包，只要在危险时刻打开这个万能包，里面就会出现你所需要的东西：有氧气瓶、救生圈、救生衣……很多很多你意想不到的东西。这个机器人在危险的时刻也十分的

机灵,只要它看见了危险的巨型大鱼,它就会马上变成一块小小石头,躲避大鱼的追击。

这就是我畅想的海底世界机器人。将来我一定要好好学习,努力制作这个机器人!

消防机器人

宁海县星海小学　叶孜昊

未来,也许很多地方会同时发生火灾,消防员却不能同时到达,所以,我想发明一种消防机器人,让消防员减轻工作。

它的主颜色是黄色和黑色,它有一个方方的头,一双大眼睛、小耳朵。脸是一个防火面具,它手的功能十分多!它的手可以变成大网去救人,救完人后,它的手会变成水枪激光枪,水枪可以灭火,激光枪可以消除前面的障碍物。还有,它的脚,是一个吸盘,可以吸着墙壁,往上面爬上去救人。最神奇的功能还是它头上的按钮,只要点一下按钮,它的肚子就会出现一座"生命桥"。可以救河对面的人,并把他们送到安全的地方。

我以后要好好学习,发明这个机器人,让消防员轻松工作。